Carl Friedrich Ferdinand Böhme

Tagebuch 2te Periode (II)

vom 10.11.1812 bis mit 11.05.1813

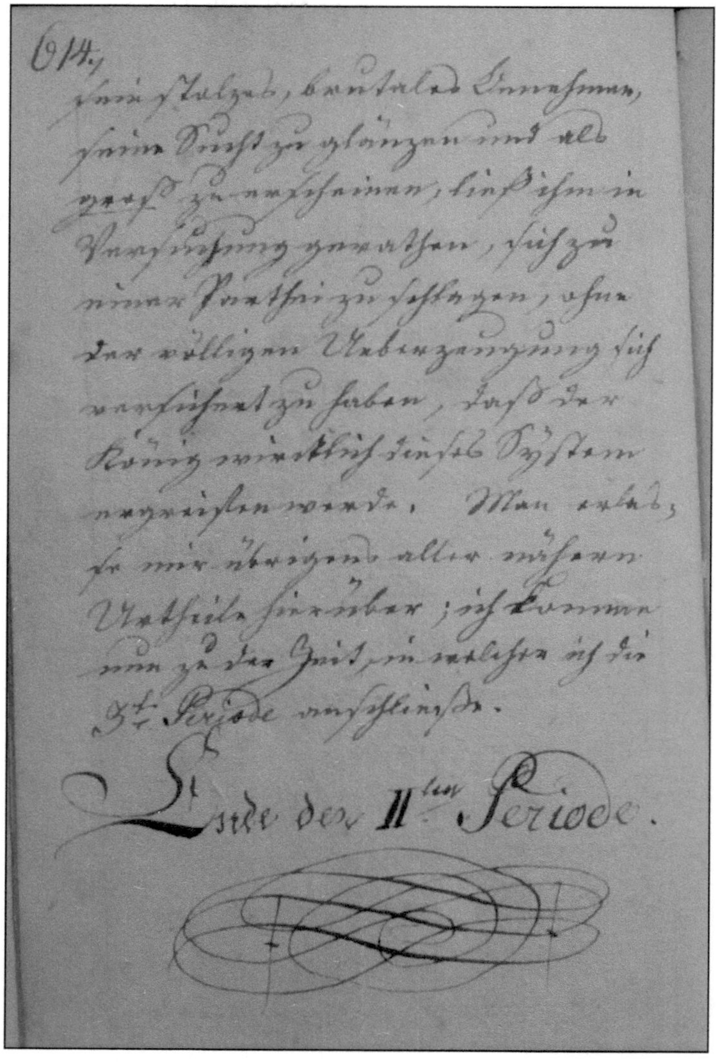

Abb. 01 – die letzte Seite des Tagebuchs

Carl Friedrich Ferdinand Böhme

Tagebuch 2te Periode (II)

vom 10.11.1812 bis mit 11.05.1813

Bibliographische Inform Deutschen Biliothek

Die Deutsche Bibliothek verzeichnet diese Publikation in der Deutschen Nationalbibliographie; detaillierte bibliographische Daten sind im Internet über http://dnb.ddb.de abrufbar.

Die Deutsche Bibliothek – CIP – Einheitsaufnahme

Jörg Titze (Hrsg.)

Carl Friedrich Ferdinand Böhme – Tagebuch 2te Periode (II) vom 10.11.1812 bis mit 11.05.1813

ISBN 978-3-7431-9270-6

Herstellung und Verlag:

BoD - Books on Demand, Norderstedt

Vorwort

Carl Friedrich Ferdinand Böhme machte den Feldzug von 1812 im Grenadier-Bataillon von Spiegel, bestehend aus den Grenadier-Kompanien der Regimenter Prinz Maximilian und von Rechten, mit.

Das Grenadier-Bataillon von Spiegel stand in der Brigade des Generalmajor von Sahr (2.Brigade der 2. sächsischen (später 22.) Infanterie-Division der Großen Armee), zusammen mit den Grenadier-Bataillon Anger und dem 2. leichten Infanterie-Regiment.

Am 16.02.1812 wurde anbefohlen, dass sämtliche Regiments-Quartiermeister in die Depots zu schicken sind und ihre Stelle auf dem mobilen Etat durch einen Mann aus dem Depot zu besetzen war. Ihren Dienst hatte ab dem 18.02. ein Offizier der bei jeder Einheit befindlichen Wirtschafts-Kommission zu verrichten. Beim Grenadier-Bataillon von Spiegel war der Sousleutnant Böhme dieser Offizier.

Ab dem 25.02. waren die Offiziere der Wirtschafts-Kommissionen nicht mehr gänzlich von den übrigen Diensten befreit, so dass Böhme in seiner Verpflegungs- und Geldgeschäfte freien Zeit auch „normale" Dienstverrichtungen – so u.a. die von ihm mehrfach beschriebenen Wachdienste – leisten musste.

Dafür durfte er – bedingt durch die mit dem Geld- und Verpflegungsgeschäft verbundene Reisetätigkeit auch dienstlich ein Pferd auf königliche Kosten nutzen und ausfüttern, welches ihm aufgrund seiner körperlichen

Einschränkungen – bei Wagram war Böhme durch beide Beine geschossen worden – sicher entgegen kam.

Böhme gibt uns aufgrund seiner speziellen Verwendung interessante Einblicke in Organisation der Truppenverpflegung und die je nach Aufgabe wechselnden Unterstellungsverhältnisse.

Die in seinem Tagebuch befindlichen und von ihm selbst gezeichneten Pläne zu den Gefechten bei Podobna und Wolkowysk sind im Original wiedergegeben.

Das Original-Tagebuch zur 2ten Periode umfasst 614 paginierte Seiten. Diese Originalpaginierung ist im Text mit Seite eingefügt.

An dieser Stelle möchte ich mich bei Ihnen, verehrter Leser, dafür bedanken, dass Sie sich zum Kauf dieses Buches entschlossen haben. Insofern Sie Anregungen und Kritiken haben oder mir einfach nur mitteilen wollen, ob Ihnen das Buch gefallen hat, so können Sie mich via email unter sachsen-titze@t-online.de erreichen.

Ihr   Jörg Titze

Die
Beschreibung meiner Tage

seit

den unruhigen und traurigen

Zeiten vom Jahr

1811 bis 1818

Zweite
Periode

gehalten

von

Carl Friedrich Ferdinand Böhme

<u>Legende zum Plan auf den Seiten 26 und 27</u>

Überfall und Schlacht bei

Wolkowisk am 15ten und 16ten Novbr. 1812

A. Position der Franzosen, Sachsen und Würzburger

B. Aufstellung unserer leichten Truppen

C. Biwak unserer Truppen

D. Andringen der Russen beim Überfall

E. Verteidigung der Sachsen gegen die in der Stadt sich festgesetzten Russen

F. Aufstellung der Franzosen und Würzburger

G. Aufstellung eines österreichischen Kavallerie-Regiments

H. Angriff der sächsischen Kavallerie

I. Position der Russen am 16ten Novbr. mit Inbegriff der Stadt

K. Eintreffen von österreichischen Truppen

L. Sturmlaufen von französischen und sächsischen Truppen

M. Rückzug der Russen

Den 10ten Novbr.

Ging ich nach Wolkowisk; man wusste, das heute unsere Equipage daselbst ankam, ich wartete auf selbige, da ich etwas von meinen Sachen an mir nehmen wollte, was ich bei mir sicherer verwahrt glaubte, da die Equipage durch die man- 300 nigfaltigen Marsch-Direktionen, immer im Ungewissen sein musste; als ich meinen Zweck erreicht hatte, ging ich des Nachmittags nach dem nach-stehenden, als 3 Stunden davon entfernt liegenden Lapinice, wo ich unsere Vorposten traf und sich auch eine Bäckerei daselbst angelegt hatte; ich blieb daselbst über Nacht

Den 11ten Novbr.

Das Korps hatte die Gegend von Lapanice wieder verlassen, war in die Gegend des Dorfes Bowrinicky marschiert und ohnfern dieses Ortes war sein Biwak aufgeschlagen. Am Abend er- 301 langte ich nachgenann-tes Dorf, meldete mich beim Intendanten als von meinem Kommando eingetroffen, war froh nun wieder bei dem Ganzen sein zu können, blieb heute in diesem Dorfe und bequartierte mich mit zu mehreren Kameraden, die ihres Verpflegungs-Geschäftes halber, sich auch einquartiert hatten, und wollte mit Behaglich-keit einmal so recht die Ruhe genießen; allein kaum als wir unser frugales Abendbrot verzehrt hatten, kam unsere schmutzige Wirtin mit Wehmut und weinend in die Stube und wollte uns immer etwas bekannt ma- 302 chen, was uns vermöge ihrer Sprache nicht verständlich wurde. Wir sahen aber wohl, dass sie immer nach der Türe wies und dies bewog uns, dann auch heraus zu gehen und in welchen Schrecken wurden wir versetzt, als wir ein Haus gleich neben uns in vollen Flammen sahen! --- Wir mussten sogleich nach unsern Pferden greifen und alles setzte sich in Bewegung, um nur unsere Sachen zu retten, in dem auch die Wirtsleute solches ihr weniges Habe in Sicherheit zu bringen suchten, alles lief durcheinander, jedes wollte gern das seinige retten, und kaum als man solches bewerkstelligen konnte, so stand auch schon unser 303 in Besitz gehabtes Quartier in vollen Flammen; das ganze Intendanz-Personal, welches in diesen Dorfe bequartiert war, verließ solches, und nahm in der Nähe desselben einen Platz ein, um nun hierauf den Einwohnern beistehen zu können; allein leider konnte unsere Hilfe nicht viel ausrichten, denke man sich, man hatte nicht einmal eine Feuerspritze, und da die Wände der Wohnungen alle von starken Pfosten erbaut die in sich zusammengepfalzt sind, so wird es fast zur Unmöglichkeit, eine Wohnung niederreißen zu können. Das Feuer griff immer mehr 304 um sich, und das wenige Hineinschütten des Wassers mit Töpfen und andern Geschirren konnte keinen Effekt gewähren. An musste größtenteils das Feuer in seiner Wut fortgehen sehen, ohne eine angewendete Hilfe, bei den besten Willen, geben zu können, und so stand in kurzer Zeit fast eine ganze Seite des Dorfes in Flammen, und so schrecklich dadurch das Elend für die Einwohner wurde, so war es doch noch einigermaßen noch nicht ganz trostlos, denn noch war das Feuer nicht auf die andere Seite des Dorfes, er Straße gegenüber gekommen, wo nichts als noch mit ungeheuren Vorräten angehäufte Scheunen standen; end 305 lich musste auch hier noch die Flamme ihre schreckliche Wut ausbreiten, es brannten in kurzer Zeit 2 Scheunen, man denke sich, dass durch die brennenden Schöber, welche – schreckliches Elend – alle noch nicht abgedroschen waren, da der Pole gewöhnlich diese Arbeit nicht eher vornimmt, als bis er das Getreide braucht, es nun so eine Glut wurde, dass man sich des in Flammen stehenden Dorfes fast nicht mehr nähern konnte, und doch arbeiteten unsere Soldaten im Kampfe menschlicher Kräfte in den nebenstehenden Scheunen, um nur die Vorräte heraus zu bringen, und so, mit dieser kaum glaubhaften Möglichkeit, brachte 306 man es dann doch dahin, die weitere Vernichtung zu unterdrücken, und so waren doch noch mehrere Häuser erhalten worden und waren nur 2 Scheunen abgebrannt.

In denjenigen Hause, wo das Feuer ausgebrochen war, hatten 2 Offiziers von unserer leichten Infanterie im Quartier gelegen, welche das Fassungsgeschäft ihrer Parteien zu besorgen hatten; und es war wohl zu vermuten, dass durch Vernachlässigung derer Bedienten dieses Unglück entstanden war. Kein Mensch oder Tier war dabei verunglückt, und man hatte alles herausgebracht, allein diese unglücklichen Einwohner standen doch in einer so traurigen Jahres 307 zeit ohne Wohnung da!

Fast die ganze Nacht hatte ein großer Teil unserer Soldaten gearbeitet, so schrecklich kalt es doch war, denn es wollte immer Schneien und konnte vor Kälte es nicht. Nach den Mitternachtsstunden, und als das Feuer nicht mehr in dieser Wut war, ging ich nach den Ort, wo das sämtliche Intendantur-Personal seine Equipage aufgefahren hatte, und wo ich auch die Meinige wusste. Mein Bursche hatte mir ein großes Strohlager bereitet, in welchen ich mich, um nun ein wenig zu ruhen, hinein wickelte, vor der bedeutenden Kälte aber mich kaum erwärmen und also auch nicht schlafen konnte.

Der Transport hatte den Leutnant v.Raab 308 begegnet, und derselbe war demnach gleich den Tag unseres beiderseitigen Abganges wieder eingetroffen.

Den 12ten Novbr.

Noch in finstern Morgenstunden, da ich es vor Kälte nicht mehr auf meinen Lager aushalten konnte, suchte ich ein Wachtfeuer, um meine erstarrten Glieder wieder aufzuwärmen; mein Bursche suchte mich sehr bald, und machte mir bekannt, das mit meinem Schimmel etwas vorgegangen sein müsse, und ich sollte mich nur hiervon, und – welches Schrecken! – mein Schimmel hatte in dieser Nacht ein unzeitiges Füllen geboren; ich suchte hierüber einige Kenner zu Rate zu ziehen, die das Pferd untersuchten, 309 und mir die Beruhigung gaben, dass dem Pferde in keinem Fall ein Nachteil erwachsen würde, ich sollte es mehrere Tage nur nicht reiten, sondern es bloß führen lassen; dieses befolgte ich dann auch, ritt meinen kleinen Fuchs, und mein Schimmel erholte sich bald wieder, so dass ich keine nachteiligen Folgen verspürte. Wahrscheinlich hatte die anhaltende Strapaze, die ich während meiner jetzt gehabten Versendung, meinen Pferden hatte zumuten müssen, eine Veranlassung hierzu gegeben, und beinahe konnte ich nun auch auf den Grund der Vermutung kommen, warum der Leutnant v.K...... getauscht hatte; da nur diese Sache so abgegangen war, blieb mir ₃₁₀ übrigens dieser Tausch auch nicht unangenehm.

Die Armee brach diesen Morgen von ihren Biwak auf, und zog sich wieder in die Gegend Lapinice; es ist jetzt wieder ein Hin- und Hermarschieren an der Tagesordnung, dass man nicht weiß, was man denken soll. Man kann unsere jetzigen Bewegungen mit denen auf den Schachbrett vollkommen vergleichen.

Den 13ten Novbr.

Es bleibt heute alles ruhig stehen, wir Verpflegungs-Offiziere waren in Lapinice in einem großen Kloster, wo der Intendant wohnte, oder zum Teil in der Nähe davon untergebracht, und die Verpflegung derer Truppen auf mehrere Tage hier zu ₃₁₁ sammen zu bringen, war heute unsere Beschäftigung. Eben als wir in den Nachmittags-Stunden wieder Lebensmittel entnehmen sollten, hatte der Feind, von Hornostiawice herkommend, unsere Vorposten angegriffen; der Intendant befehligte mich, sogleich nach den Vorposten zu reiten, daselbst den Herrn Obristen von Langenau, welcher in der Suite des Generals Reynier sein müsse, aufzusuchen und ihn zu befragen, was noch mit denen im Magazin vorrätigen Lebensmitteln werden solle, ob solche an die Truppen verteilt oder weiter transportiert werden sollten, da das Korps auf mehrere Tage verpflegt sei; ich ritt eine Weile ₃₁₂ längst der im Feuer begriffenen Vorposten-Linie abwärts, bis ich bei einer reitenden Batterie ankam, wo ich, indem ich nach der Suite fragte, einige Erkundigung einzog, wo sich selbige ohngefähr aufhalten werde; ich traf hierauf solche auch bald, meldete den Obersten meinen Auftrag, welcher mich zu verweilen verwies; der General begab sich auf mehreren Angriffspunkten, und ich folgte immer der Suite, welches mir sehr angenehm war, indem ich dadurch eine so schöne Gelegenheit hatte, das Gefecht so recht übersehen zu können. Der General blieb anfänglich ohnfern der sich aufgestell 313 ten Blänkler Linie, die von Husaren und leichten Infanteristen zusammengestellt war, lange in stiller Beobachtung; man sah, dass es nichts mehr als ein Gefecht der feindlichen Avantgarde war, darum wurden auch von unsern Truppen, außer unsern und den Grenadier-Bataillon Anger, nichts im Gefecht gezogen; die Kosaken waren uns ganz nahe und man konnte ihre Manieren so recht wahrnehmen. Von der Bedeckung der Suite wurde ein Husar erschossen. Später wurde das Gefecht etwas lebhafter, indem eine feindliche Infanteriemasse auf den rechten Flügel des Feindes aus einem 314 Walde hervorbrach, unser Grenadier-Bataillon kam teilweise und so auch das ganze Grenadier-Bataillon Anger, in lebhaften Infanterie-Feuer, welches auch noch auf beiden Seiten ein Kanonenfeuer unterstützte; es wurde von beiden Seiten kein Terrain gewonnen und so endete sich das Gefecht erst mit der einbrechenden Nacht. Ein jeder Teil behauptete seinen Platz und erst in den späten Abendstunden zogen sich unsere Grenadier-Bataillons wieder in die Linie des Korps zurück, indem dann nur die gewöhnlichen Vorposten vorne stehen geblieben waren. Mit Beendigung des Ge 315 fechts ging der General wieder nach Lapinice zurück, und auf mein abermaliges Anfragen bei dem Obristen von Langenau gab mir derselbe in Auftrag, den Intendanten zu sagen.

„was er von Wagen entlehnen könne, solle er heraus schicken, um die Blessierten nach Lapinice bringen zu lassen; der Vorrat an Lebensmitteln solle an die Truppen verteilt werden, und diese Nacht um 12 Uhr würde das Korps aufbrechen". Ich überbrachte sofort den Intendant diese Nachricht, und derselbe gab mir wieder den Befehl, alle vorrätigen Wagen in die Gegend, wo das Gefecht gewesen, zu führen, dafür Sorge zu tragen, dass die Blessier [316] ten aufgesucht und darauf herein gebracht würden; es war ein Glück, dass ich die Gegend kannte und das es heller Mondenschein war, welches mein missliches Geschäft doch unterstützen konnte, denn ich war für das Herumschwärmen der Kosaken nicht ganz sicher, da ich mich an einigen Stellen über die aufgestellten Vorposten hinaus begeben musste. Ich traf hinter unsern Vorposten noch eine Ambulanz, wo der größere Teil der Blessierten schon hingeschafft worden war, und welche ziemlich meine mitgebrachten Wagen beladen konnten, und so war ich noch bis gegen 11 Uhr des Nachts [317] beschäftigt, zu welcher Zeit ich ermüdet nach Lapinice zurück kam, während meine, wegen der Verpflegung daselbst gebliebenen Kameraden in Ruhe geblieben waren; auch konnte mein Aufenthalt in Lapinice nicht sehr lange sein, und nur ohngefähr so lange, um etwas zu mir zu nehmen und meine erstarrten Glieder von den bedeutenden Kälte zu erwärmen, denn um 12 Uhr setzte sich alles von den Fuhrwesen im Marsch, die Truppen sollten um 3 Uhr von ihren Biwak in Stille aufbrechen, nachdem die Wachtfeuer erst recht lebhaft gemacht werden sollten, und wir Verpflegungs-Offiziere waren an die Begleitung [318] des Intendanten gewiesen. Der Marsch ging nach Wolkowisk und trotz alles Schneegestöbers brachen wir letztern um 3 Uhr im vollen Trupp nach Wolkowisk auf.

Der Feind hatte bei unserer heutigen Affäre viel mehr verloren als wir; wir hatten im Ganzen 3 blessierte Offiziers und 89 tote und blessierte Unteroffiziers und Gemeine.

Den 14ten Novbr.

Alles, wie schon bemerkt, war diesen Morgen um 3 Uhr aufgebrochen und marschierte seitwärts nach Wolkowisk. Der Feind drängte uns jetzt recht lebhaft; das österreichische Korps [319] war schon vorwärts nach Slonim zu im Marsch, um wahrscheinlich einen russischen Korps immer zur Seite zu bleiben, welches sich von demjenigen feindlichen Korps, mit welchem wir es zu tun hatten, getrennt haben mogte; der Feind mogte uns darum immer zu beschäftigen dringende Veranlassung fühlen, um uns abzuhalten, dass wir unsere jetzige Operations-Basis nicht verfolgen könnten und um uns allein, ohne die Österreicher, zu beschäftigen, indem wir doch wieder allmählig der Großen Armee bei einem weitren Fortgang näher kommen konnten, [320] denn man sagt nämlich unter sich, dass Napoleon mit der Großen Armee wieder von Moskau zurück bis Smolensk gegangen sei; bestätigt sich solches, so hat ihm gewiss die spärliche Subsistenz hierzu genötigt.

Um 7 Uhr des Morgens kam ich in der Suite des Intendanten nach Wolkowisk, die Armee kam einige Stunden später. In Wolkowisk fanden wir schon alles voll einquartiert, es war die Division Durutte, welche hier zu uns stoßen sollte, sie bestand aus einigen Batterien Artillerie, einigen Infanterie-Regimentern Franzosen und 3 Bataillons Würz 321 burgischer Infanterie; wenn letzteres schon ein guter Schlag von Menschen war, so waren die Franzosen gerade das Entgegengesetzte, es war die die zusammengeraffte Hefe und früher von der Konskription sich geweigerte und jetzt gesammelte Masse, von denen ohnfern Hollands Grenzen liegenden, jetzt an Frankreich gehörenden Inseln, Ilse de Walchern, de Rhe etc., ein roher Haufen von Menschen, der uns für die Zukunft mehr unsere Subsistenz erschwerte, als er uns etwa Erleichterung verschafft hätte, denn 322 er besaß keinen Mut, wie wir noch in der Zukunft deutlich hiervon überzeugt wurden.

Wolkowisk ist ein kleines Judenstädtchen mit nichts als hölzernen Gebäuden versehen, es liegt in einem Tal /: siehe den hier von à coup d'oeil entworfenen Plan :/ unsere Armee stellte sich mit einigen französischen Regimentern, welche aus der Stadt rückten, auf den westlich gelegenen Höhen der Stadt auf, während unsere leichten Truppen sich auf der östlichen Seite, wo wir hergekommen waren und zwar kurz vor der Stadt, 323 aufstellten. Da das Hauptquartier, die Intendanz, die Ambulanzen, die Kriegs-Kasse und Gott weiß was noch in dieser Stadt Platz nehmen sollten, wo überdies viele Franzosen und Würzburger blieben, so gab es so einen Wirrwarr in der Stadt, der sich ohnmöglich beschreiben lässt, und man wusste nicht, wie es einem möglich werden sollte, ein sicheres Unterkommen zu finden, welches man hier gerade so sehr benötigt war, da diesen

Nachmittag Gebührnisse aus der Feld-Kriegs-Kasse erhoben werden sollten. Gleich mit meiner Ankunft bestimmte ich mich mit einem vom Regiment Prinz Friedrich August zu eben 324 diesen Verpflegungs-Geschäft bestimmten Kameraden, den Premierleutnant Beck ein Quartier zu beziehen; wir fanden nicht weit vom Eingang der Stadt, in der Gegend wo wir hergekommen waren und ohnfern der über einen kleinen Fluss gelegten Brücke eine Wohnung, wo zwar Platz für unsere Pferde war, allein es waren mehr als 20 Mann Würzburger daselbst einquartiert und man konnte also auch nicht auf die mindeste Bequemlichkeit Rechnung machen. Es wimmelte in dieser Stube und mein, in dieser Art mit größeren und mannigfaltigeren Spriela- 325 tionen ausgerüsteter Gesellschafter, der Leutnant Bock, nahm es sich gleich vor, für ein anderes Unterkommen für uns sich zu bemühen, während ich wegen unserer Pferde und übrigen Equipage daselbst verblieb,. Nach einiger Zeit kam mein Freund Beck wieder und versicherte mir, dass er in einem Hause Eintritt gefunden, wo zwar 7 französische Offiziers mit mehreren Ordonnanzen einquartiert wären, die ihm aber den Antrag gemacht hätten, nur immer noch bei ihnen Platz zu nehmen und wo wir auch unsere 4 Pferde unterbringen könnten; wir 326 verließen also sofort unser erstes Quartier und zogen ei diesen Offiziers ein. Zwar kamen wir aus einer Wust von Menschen in die andere, mit welchen man sich nicht einmal hinlänglich mitteilen konnte, doch man behandelte uns freundschaftlich, mir dachte, es kann nun einmal nicht anders sein; allein! Nicht lange waren wir daselbst, so kam ein französischer

Brigade-General mit seinen Adjutanten, Bedienten und Pferden und die französischen Offiziers sowohl als wir beide mussten ihm Platz machen, welcher uns daselbst noch mit Grobheiten begegnete, indem wir nach seiner Meinung das Quartier nicht 327 schnell genug räumten. Nun waren wir abermals in der größten Verlegenheit, wussten wieder nicht, wo wir uns hinwenden sollten, und waren schon betreten darüber, unser erstes Quartier verlasen zu haben, doch! es machte sich recht gut — der für solche Fälle noch mehr als ich unternehmendere Leutnant Beck hatte nun gerade erst ein bequemes und sicheres Quartier für uns erhalten, wo wir nicht sogleich wieder heraus getrieben werden konnten, als in jedem andern Quartier, denn ein dasiger Beamter, welcher seines Amtes als schonend oder befreit 328 von Einquartierung angesehen werden musste, hatte sich bereitwillig finden lassen, uns in seine Wohnung aufzunehmen und wir waren nun auf einmal von unseren Sorgen befreit. Wir bekamen eine recht leidliche und warme Stube, und unsere Pferde fanden auch ein gutes Unterkommen. Ich war den ganzen Tag, teils mit Entnahme der Lebensmittel sowie des Geldgebührnisses auf mehrere Monate und der Verteilung desselben an die aus den Biwak zu mir hereinkommenden Fouriers bis mit den Eintritt der Abendstunden beschäftigt; ermüdet, aber doch sehr froh nur die 329 Verteilung dieser so bedeutenden Summe bis auf der ohngefähr noch zu berechnenden Summe von etliche 80 Taler, verteilt zu haben, sah ich denen Bequemlichkeiten der Abendstunden mit Freude entgegen. Mein Hauptmann, bei dessen Kompanie ich eigentlich stand, der Hauptmann v.d. Mosel, war auch aus dem Biwak hereingekommen und war mit bei uns untergebracht, da er nicht wohl war und die Diarrhöe hatte; wir waren in einer warmen Stube diesen Abend recht vergnügt beisammen, ließen sich unser Rindfleisch mit Erdäpfel, welches mein Bursche vorgerich 330 tet hatte, recht herrlich schmecken, sprachen über so manches, was selbst unseres Verhältnisses betraf, und der Hauptmann meinte noch, es würde nun wohl die Zeit eintreten, wo uns die Russen zuweilen überfallen würden, da es doch auch in den Türken-Kriegen ihre öftere Gewohnheit sei.

Um 9 Uhr des Abends gingen wir beide, Beck und ich, noch zu dem Intendanten, um uns für unsere morgende Bestimmung zu erkundigen, der Intendant konnte uns nichts näheres hierüber sagen als dieses, wenn wir morgen hier blieben, wieder Lebensmittel ausgegeben würden. Es war ein heller Sternen-Abend und eine schreckliche Kälte, 331 und wir in größter Behaglichkeit in unserer warmen Stube, bemitleideten allerdings unsere übrigen Kameraden, einer so schrecklichen Kälte ausgesetzt zu sein. In diesen und manchen andern Betrachtungen ließen wir uns eine rechte gute Streu machen und entkleideten uns ganz, um so recht die Bequemlichkeit genießen zu können, welches allerdings ohne alle Überlegung geschah, und sehr viel gewagt war, da wir doch den Feind in unserer Nähe wussten, denn schon in den Nachmittagsstunden sahen wir auf den Höhen, von welchen wir diesen Morgen hergekommen waren, schon wieder Kosaken herum streifen. Wir überließen uns ruhig des Schlafes, allein wel ₃₃₂ ches Schrecken, als ich

den 15ᵗᵉⁿ Novbr.

des Morgens um ½ 3 Uhr von einen fürchterlichen Getöse, vermischt mit dem Geschrei des brüllenden Hurrah! und von den kleinen Gewehrfeuer, im Augenblick erwachte, als mein Bursche mit einem Licht zur Türe hereintrat, mit der wehmütigen Erklärung – die Russen sind in der Stadt – im Augenblick erwachten auch meine übrigen Kameraden und man wusste kaum, was man machen und sich sagen sollte, da wir den einstürmenden Feind schon in unserer Straße und nächst unsern Fenstern hörten, wir glaubten allerdings einer Gefangenschaft ₃₃₃ nicht entkommen zu können, der Hauptmann ladete sogleich seine bei sich habenden zwei Pistolen, ich aber gab meinen Burschen den Befehl, die Möglichkeit zu versuchen, um in den dem Hause ohngefähr 20 Schritt gegenüberliegenden Stalle zu kommen, die Pferde zu satteln, ich würde sehr bald mit meinen Anzuge fertig sein; obgleich zum Entsetzen gebracht, vollzog ich doch in Ruhe meine Ankleidung und war, ohnerachtet ich mich mit mehreren bepackte und einhüllte, der erste von uns, welcher im Stande war, sich davon zu machen, wenn es eine Möglichkeit sei. Ich schritt auch sogleich zu diesem ₃₃₄ Versuch, dessen Gelingen mir freilich nicht wahrscheinlich war, denn das schreckliche Getöse hatte sich eher vermehrt als vermindert; als ich die Stube verließ, sah ich wohl, dass die Haustüre noch nicht geöffnet war, ich öffnete solche leise und sah nun, wie in kurzer Entfernung von mir Kosaken und russische Jäger wütend und schreiend herum schwärmten, alles untereinander herum lief, die Kugeln die Luft durchheulten und an einigen Stellen der Stadt schon das Feuer seine Flammen verbreitete und diese mannigfaltige Vernichtung noch beleuchtete; zufällig erhielt ich hierdurch 335 nach unsern Stall noch einen günstigen Schatten, und ich schlüpfte dadurch unvermerkt in solchen hinein, welcher von Holz so leicht erbaut war, dass die Gewehrkugeln schon ihren Eingang fanden. Mein Bursche, von Schrecken entrüstet, hatte kaum ein Pferd gesattelt und meine Hilfe war hier recht willkommen; es gab einen Wirrwarr sondergleichen in diesen kleinen Behältnis, denn jeder wollte doch gerne das Seinige retten; in kurzen waren nun meine beiden Pferde, wenigstens zur Not, gesattelt und ich schritt nun zu den wohl allerdings kühnen Versuch, mich 336 aus diesen Getümmel zu retten, für dessen Gelingen mir allerdings nicht viel Möglichkeit vor Augen stand, da ich mich in der Mitte von Feinden sah; ich ließ meine Pferde aus den Stall und in einen nächstliegenden unbemerkten Winkel führen, setzte mich auf meinen, in dieser Eile freilich nur schlecht gesattelten Schimmel und indem ich meinen Burschen bedeuten wollte, sich nur eiligst auf das andere Pferd zu setzen, fragte mich dieser: „Haben Sie denn die Jagdtasche?" /: in dieser hatte ich nämlich die von gestriger Zahlung übrige Summe von etliche 80 Taler aufbewahrt :/ diese hatte ich noch in der Stube liegen lassen, ich gab darum noch mei 337 nen Burschen den Auftrag den Versuch zu machen, ob er solche noch holen könne, und sagte ihm, ich würde immer fort reiten. Auf guten Glück und mich in meine Bestimmung ergebend, trat ich mein Wagestück an, ich ritt langsam auf meinen Schimmel, meinen kleinen Fuchs zur Seite habend, auf den herumirrenden wütenden Haufen zu, man schwärmte um mich herum, ich ritt immer langsam fort und der feindliche Haufe mogte mich für einen Kosaken halten, für welchen ich wegen einer kleinen Mütze, die ich auf hatte und bekleidet mit einen polnischen Pelz, wohl das Ansehen [338] hatte. Ich erzwang mir eine Ruhe, die diesen Wahn vielleicht bestärkte, und näherte mich so dem Ende der Stadt an einen Teil der westlichen Seite, wohin ich nicht weit hatte. Hier war ich nun so ziemlich, außer einigen herum streifenden Plänklern, aus dem Getümmel heraus, und nun gab ich meinen Pferden Spore und Knute und eilte im gestreckten Galopp davon ins Freie und der ziemlich erleuchteten Gegend, wo ich unsere Truppen in Biwak wusste (vide C), sei es nun, dass man mich nunmehro erkannte, oder war es der Grund, dass ich mich so schnell und immer weiter entfernte, und nun die Entfernung dazu betrug, indem die Rus [339] sen größtenteils sehr hoch schießen, die Kugel dann in einen weiten Bogen fortgeht und gewöhnlich noch am Ende ihrer Laufbahn in Wirkung tritt, kurz ich kam nun erst in einen bedeutenden Kugelregen, in welchen ich nun freilich meinen angefangenen Galopp nicht verminderte; in weiterer Entfernung traf mich eine Flintenkugel an der linken Seite des Halses, allein da sie ziemlich ihre Kraft verloren und ich übrigens eine bedeutende Emballage um mich hatte, so war das Bemerken hiervon nicht mehr, als wenn mir Jemand einen bedeutenden Schlag mit der Faust auf diesen Fleck versetzt hätte, [340] und dies ließ mich weiter nicht abhalten, meinen Weg fortzusetzen und gerade so zu denken, wie jener Junge eines Goldschmieds pp pp pp; glücklich erreichte ich demnach die Höhe, berührte die Straße nach Slonim, wendete mich hier auf links, traf bald mehrere Artillerie und Fuhrwesen von uns und bald darauf auf unsere Infanterie und unser Bataillon, bei welchen ich mit Erstaunen eintrat, indem man mich für verloren gegeben und somit war ich seelenvergnügt, nur wieder beim Ganzen zu sein, mag da das Schicksal fallen wie es will, so ist es immer beruhigender.

Auch mein Hauptmann und mein guter Beck, welche wir zusam 341 men bequartiert gewesen, waren noch durch verschiedene andere Wege entkommen und eine einzelne Rettung war hier noch die beste und sicherste gewesen. Mein Bursche, für welchen ich noch mehrere Stunden Sorge tragen musste, war doch auch noch entkommen und brachte mir wirklich auch noch die Jagdtasche mit dem Gelde, diesem war es fast ebenso ergangen wie mir, eine matte Flintenkugel hatte ihm die linke Schulter, doch ohne Folgen, getroffen. Es unterhielt sich nun in der ganzen Nacht fort ein lebhaftes Gewehrfeuer zwischen den in der Stadt gedrungenen Feind und unserer, sich eben noch in einen Teil derselben 342 sich aufhaltenden leichten Infanterie von uns, die von mehreren Parteien eine allmählige Unterstützung erhielt. Auch von unsern Bataillon waren die beiden linken Flügel-Kompanien dahin geschickt worden; bei dieser Gelegenheit hatte die 3te Kompanie von uns ein recht widriges Schicksal, als sich selbige nämlich in einer ziemlich breiten Straße en front aufgestellt, und im Begriff ist, gegen den vor ihr in einer Entfernung stehenden feindlichen Trupp eine Bajonett-Attacke zu machen, und schon im Sturmschritt sich gegen den in Ruhe stehenden Feind, der kein Feuer gegeben und nicht in Marsch gesetzt hat, kommt 343 auf einmal ein Offizier einer anderen Partei von uns, ein gewisser Leutnant von A____ - dem es eben nicht in seinem Beruf lag, hier einer Direktion sich unterziehen zu sollen – und ruft ängstlich dem diese Kompanie kommandierenden Hauptmann von Könneritz zu, - das sind Franzosen! Das sind Franzosen! Die Kompanie stellt ihren Sturmschritt ein und, indem solche stille steht, bekommt sie so ein plötzliches Frontfeuer, dass der Sous-Leutnant Compass[1], der Feldwebel Tronicker und 21 Grenadiers sogleich tot auf dem Flecke blieben; dass dieses die Kompanie imponierte, war sehr verzeihlich, sie 344 ging in kurzer Entfernung zurück und setzte sich dann wieder gegen den Feind; würde sie von diesem unberufenen Ratgeber nicht gestört worden sein, sie würde vielleicht bei diesen Sturm ebenso viel und noch mehr verloren haben, denn ein in Wut gesetzter Haufen scheut nicht so die Gefahr, als eine zur Ruhe verwiesene Masse, allein sie würde wahrscheinlich auch den Zweck erreicht, und den Feind geworfen haben.

Von unserer Seite so wohl als der feindlichen blieben in blieben in diesen nächtlichen ununterbrochenen Gefecht zwar viele Menschen, doch wurde von dem Feind, der in 5 Kolonnen gegen der Stadt angerückt war, der Zweck 345 alles in der Stadt befindliche in Beschlag zu

---

[1] Der Leutnant Compass wurde am andern Morgen in der Stadt gefunden, auf unsern Befehl herausgetragen und daselbst im Beisein aller Kameraden vom Bataillon begraben.

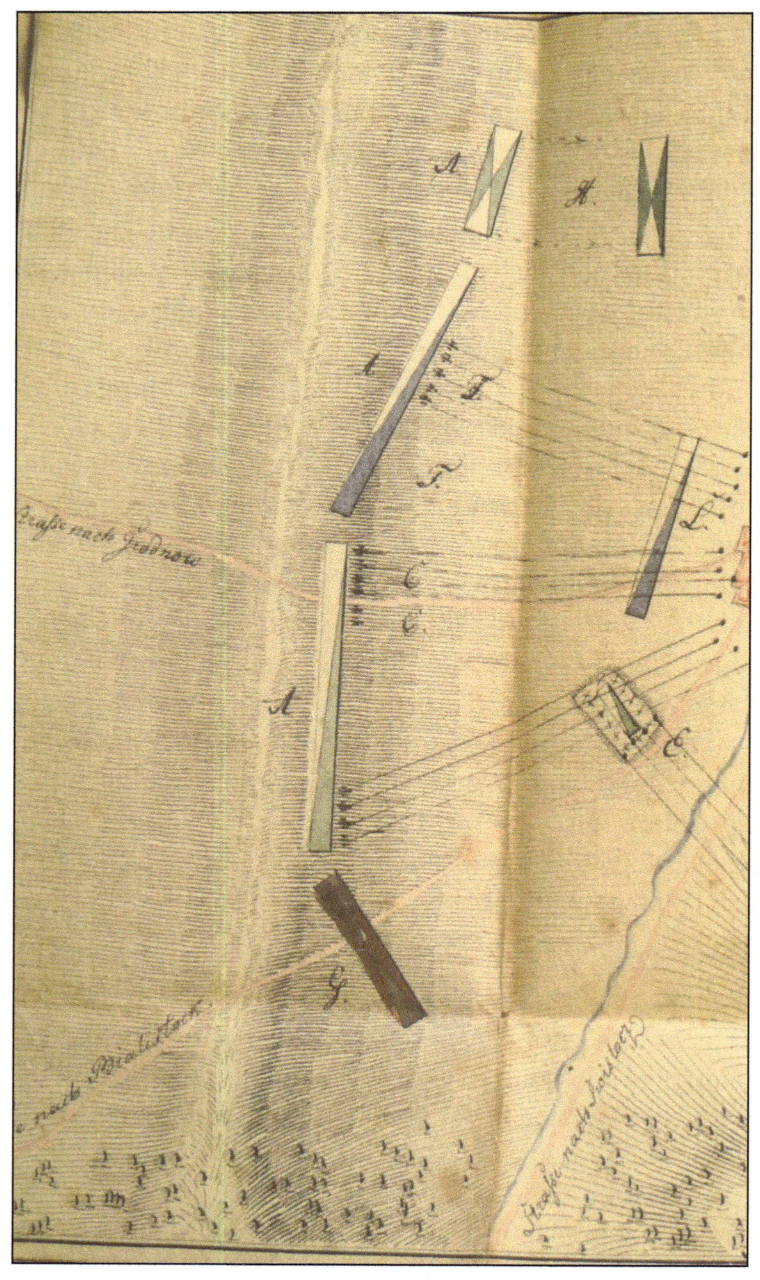
A.
H.
Straße nach Grodnow
Straße nach Bialistock
Straße nach Warschau

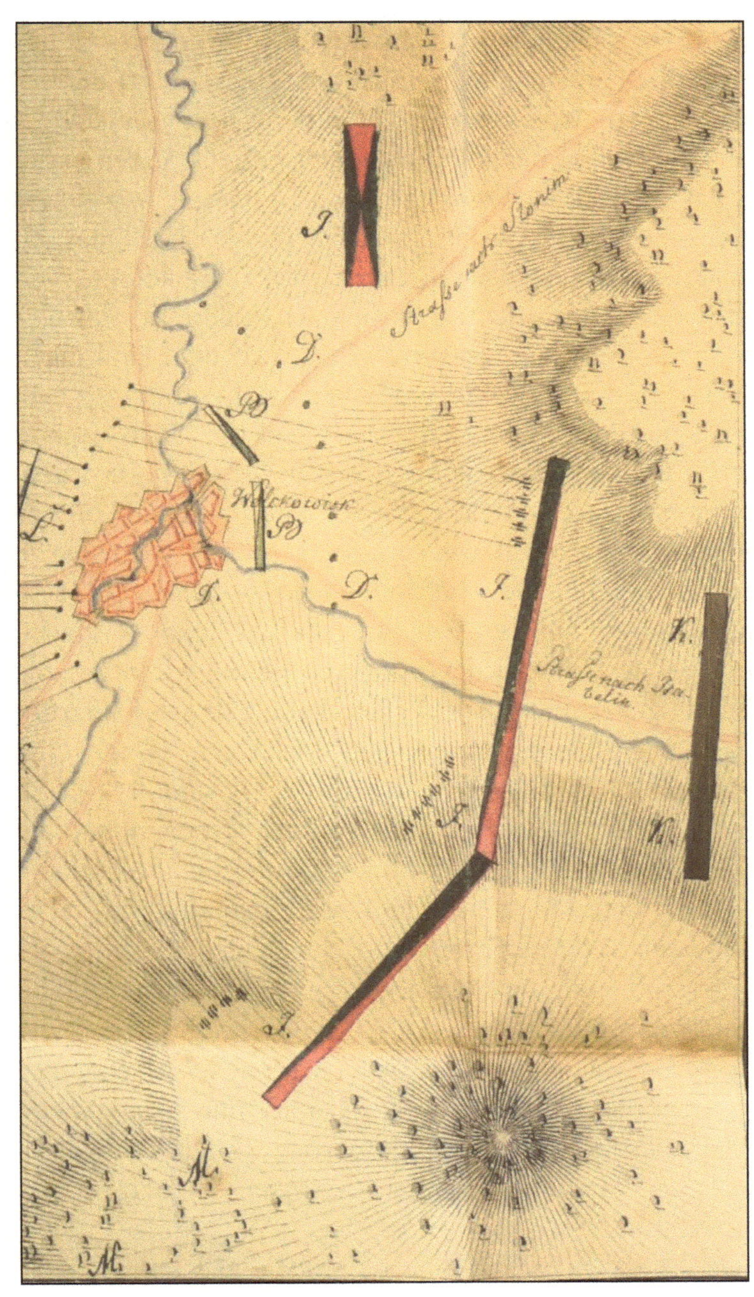
Straße nach Slonim
Welikowisk
Straße nach Swisloczin
I.
L.
D.
K.
K.
M.
M.

nehmen, nicht so erreicht, als wie es derselbe des sichern Glaubens gewesen sein mogte; nämlich diese 5 feindlichen Kolonnen von Juden aus Wolkowysk angeführt, und bestimmt an verschiedenen Seiten in der Stadt zugleich einzudringen (vide D), wären, wie dieses bei einem Überfall öfters der Fall ist, dass alles im größten Geheimnis veranstaltet wird, keine Kolonne von der andern unterrichtet, hatten sich, indem sie zum Teil falsch geführt worden waren, noch vor dem Eindringen in die Stadt schon begegnet, und es war dadurch 346 eine bei dieser Gelegenheit notwendige Stille schon unterbrochen, die Kolonnen waren unruhig geworden, man hatte sich im Marsch aufhalten müssen, unsere Vorposten hatten solches entdeckt, und obgleich selbige zu schwach, die vordringende feindliche Masse aufzuhalten, wurde es dadurch doch zeitiger entdeckt, und wenigstens gleich alle nächstliegende Unterstützung herbei gezogen. Ein feindlicher Haufe hatte das Quartier des General Reynier umzingelt, doch die in seiner Nähe gehabte Generalwacht hatte das Haus und Gehöft so lange verteidigt. Bis sich der General angezogen, und auf seinem 347 Pferde durch die Reihen der Feinde entkam; so war die Intendanz, die Kriegskasse und fast alles Fuhrwesen entkommen, und nur einige Beamte der Intendanz und Ambulanz waren in feindliche Hände gefallen, die gerade an der Seite der Stadt gelegen, wo der Feind eingedrungen war, welches wahrscheinlich den Leutnant Beck sowohl als auch mir so gegangen wäre, wenn wir in den Quartier geblieben wären, welches wir uns bei der gestrigen Ankunft zuerst gewählt hatten.

Als der Tag graute, und die Wut des Feuers nicht mehr in Flammen war, schien das Gefecht sich 348 zu beendigen. Als sich nun alles, was von uns diesen schrecklichen Wirrwarr hatte entgehen können, wieder zu den auf den Höhen aufgestellten Korps gefunden hatte, musste ich freilich dabei eine sehr unangenehme Entdeckung machen, nämlich mein Sergeant, welcher wegen des Fassungs-Geschäftes mir untergeben war und in dieser Nacht mit 5 Wagen, welche zu eben diesen Behuf meiner Disposition überlassen waren, ebenfalls in der Stadt bequartiert gewesen war, meldete mir diesen Morgen tiefgebeugt, dass er weder Wagen noch Pferde habe retten können; 349 wenn schon dieser Verlust mir darum sehr unangenehm sein musste, da mir dadurch das Mittel benommen war, dem Bataillon Lebensmittel zuschaffen zu können, so empfand ich diesen Verlust auch noch dadurch, dass ich auf einen dieser Wagen eine Menge meiner Bequemlichkeiten sowohl als Bedürfnisse verloren hatte, die mich sehr schmerzten, doch was wollte man machen, ob ich gleich vermuten konnte, dass man mit Rettung dieser Wagen mit weniger Schwierigkeiten zu kämpfen gehabt hätte, als solches bei mir der Fall gewesen war.

Hier war nichts notwendiger, als wieder für eine baldige Er 350 langung von Fuhrwesen Sorge zu tragen. Nachdem ich demnach hierüber mit den Bataillons-Kommandanten und den Präses der Wirtschafts-Kommission mich besprochen, ging ich mit diesen Sergeant Schubarth und denen mir überdies noch zugegebenen Mannschaften in die Stadt: ach Gott! welchen Greuel der Verwüstung fand ich da! Die Straßen waren bedeckt mit toten Menschen und toten Tieren vieler Art, hier und da lief noch ein blessiertes Pferd herum, in noch rauchenden Brandstätten fand man verbrannte blessierte Soldaten, hie und da hatte dieses schreckliche Schicksal auch Einwohner betroffen, 351 deren Zahl sich auf 40 belief, in den Trümmern eines Hauses lag eine säugende Mutter mit ihrem Kinde tot zur Erde, übrigens waren nun alle Einwohner entflohen, und die kriegerische Wut kühlte sich nun in Plünderungen, die Russen an einem Teil der Stadt, wo sie herein gekommen, die Franzosen und unsere Leute an den andern, den sie behauptet hatten, suchten nun in Brandstätten und unbeschädigt gebliebenen Wohnungen unter der allerdings wohltätigen Bestimmung, Blessierte zu suchen und heraus zu schaffen, welches wohl auch geschah, aber auch ihre Habsucht zu befriedigen; man glaubte hier 352 einen im Stillen anerkannten Waffenstillstand zu finden, denn man war gegenseitig jetzt nicht bemüht zu fechten, und hier versinnlichte sich mir so recht dasjenige, was der Gedanke enthält: „ da wird veracht und nicht betracht pp.“.

Ich ließ mir übrigens die Absicht, warum ich hierher gegangen angelegen sein, und fand auch wirklich hie und da noch ein gesundes und herrenloses Pferd, so dass ich nach einer kurzen Zeit wirklich wieder 3 Wagen zusammen hatte, die ich auch dazu fand und mich dann mit meinen wieder akquirierten Fuhrwesen hinaus in den 353 Biwak begab. Nicht lange darauf nahm das Gefecht und zwar mit vieler Heftigkeit wieder seinen Anfang, unsere Leute verteidigten noch den einen Teil der Stadt, verließen solchen später und zogen sich in den nächstliegenden Gottesacker in E, welcher den ganzen und darauf folgenden Tag, indem die Parteien sich immer ablösten, vermöge seiner als Brustwehr dienenden Mauer, verteidigt wurde. Die Franzosen und Würzburger hatten sich links von uns in F rangiert und ein österreichisches Kavallerie-Regiment, welches heute ganz unerwartet zu uns stieß, lehnte sich an unsern rechten Flü [354] gel in G an. In den Mittagsstunden wurde ein Kavallerie-Angriff in H ausgeführt, welcher auf beiden Teilen nicht viele Wirkung hatte.

In derselben Zeit ging auch der Intendant in Verpflegungs-Angelegenheiten nach dem Städtgen Piasky, welches nach Grodnow zu 7 Stunden von hier entfernt war; alle in diesem Geschäft bei den Parteien angestellten Offiziere mussten ihm folgen, und da wir uns unterwegs noch aufhalten mussten, kamen wir erst um 11 Uhr des Nachts daselbst an.

Unsere Fassungswagen mussten die Blessierten nach dieser Gegend bringen, und eine Menge blessierter Offiziere von uns, darunter auch unser Adjutant [355] von Zedlitz waren schon daselbst eingetroffen.

Den 16ᵗᵉⁿ Novbr.

Gegen 7 Uhr des Morgens ging ich mit der erhaltenen Bestimmung des Intendanten einer Menge Wagen mit Lebens- und Transportmittel, die Blessierten fort zu schaffen, wieder zum Korps. Als ich meine Wagen-Kolonne in Ordnung gesetzt hatte und einem Unteroffizier die sichere Leitung übergeben, setzte ich mich in Trab, kam nach der Mittagsstunde auf den Biwak an, meldete meine erhaltene Bestimmung den Obersten von Langenau, blieb heute beim Bataillon, und es war mir unangenehm, dass ich meinem 356 Burschen mit meinem zweiten Pferd zurück in Piansky gelassen hatte, denn man konnte gar nichts erfahren, was so aus den jetzigen Aufenthalt des Korps werden sollte und wo solches noch seine Richtung hinnehmen werde; der General mit seinem Gefolge war diese verflossene Nacht in einem Dorfe, nicht weit hinter dem Biwak, geblieben und hielt sich heute den ganzen Tag auf den Biwak auf; es hatte sich zwar den ganzen Tag zwischen den Vorposten ein kleineres Gefecht unterhalten und jedes behauptete noch seine im gestrigen Morgen inne gehabte Position, allein in 357 welches Staunen wurden wir gesetzt, als ohngefähr gegen 4 Uhr des Nachmittags in einiger Entfernung hinter der aufgestellten russischen Linie I auf einmal einige Brandkugeln in der Höhe sich zeigten, auf einmal wurde von dem General Reynier der Befehl gegeben, Verstärkungen nach den Vorposten zu schicken, auch wurde aus allen Batterien von uns auf die Stadt geschossen, welches alles der Feind auch erwiderte, und wir konnten nun genauer übersehen, dass eine österreichische Kolonne auf der Straße von K her in Bewegung sei, die bald hierauf sich entwickelte und also im Rü 358 cken des Feindes manövrierte. Der Feind hatte selbst mehrere Verstärkung nach Wolkowysk geschickt und es etablierte sich in dieser Stadt, da auch unsere Verstärkung herein rückte, ein fürchterliches Gewehrfeuer; es brannte in der Stadt an 11 Orten, und welches panische Schrecken ergriff die Russen, als die Österreicher mit Macht in ihren Rücken vordrangen, auch von Seiten unserer leichten Infanterie und 8 Kompanien Franzosen wurde in L gegen die Stadt Sturm gelaufen, die dann noch Unterstützung von unsern Linien-Truppen erhielten; es war ein Schauspiel, welches – fürchterlich schön – 359 zu nennen war, und hätte man es nicht als Quelle manches Elends ansehen müssen, so wäre es bewundernswert anzusehen gewesen; die eingetretene Dunkelheit machte es, dass die ganze Gegend durch die verteilten Feuerbrünste beleuchtet war, man sah nun alle Bewegungen von den Truppen, konnte das Kanonenfeuer genau beobachten, hörte das erschütternde Gemisch von den Schreien der sturmlaufenden Soldaten, und konnte nun auch wahrnehmen, wie der Feind hin und her lief und einen Ausweg suchte; teils mogte ihm wohl selbigen noch die entferntere Dunkelheit gewahren, und wahrscheinlich 360 waren die Österreicher auch nicht stark genug, wenigstens noch nicht völlig eingetroffen, um solches abhalten zu können.

Der Feind nahm seinen Rückweg in M nach Swislocz zu, also von wo derselbe hergekommen, vor der Affäre von Lapinice nämlich. Die Russen verloren mehrere Hunderte an Gefangenen in Wolkowysk und ein Verlust von mehreren Tausenden an Blessierten und Toten war nicht minder bei denselben, als er aber auch natürlich auf unserer Seite stattfand. Die Österreicher hatten in den Städtgen Isabelin, welches einige Stunden von hier entfernt war, und /: in den Plan sig: K :/ in den 361 Rücken der Russen lag, eine russische Ambulanz und mehrere Equipage überrascht und weggenommen, und 600 Mann zu Gefangenen gemacht.

Es hatte nämlich der General Reynier am gestrigen Tage in aller Frühe auf einem Umwege einen Kurier an den mit seiner Armee in der Gegend Slonim gerückten Fürsten Schwarzenberg gesendet, diesen von den Überfall in Kenntnis gesetzt und wahrscheinlich ersucht, ein Korps in den Rücken der Russen manövrieren zu lassen; hierauf demnach heute gewartet worden war, und welches also nun in Ausführung gekommen; der 362 Feind hatte nun also durch diese Schlacht doch einen Punkt wieder aufgeben müssen, den er hartnäckig zu verteidigen des Willens sein mogte.

Den 17ten Novbr.

Unsere Avant-Garde hatte den Feind noch in vergangener Nacht verfolgt; wir brachen diesen Morgen auf, und gingen an der westlichen Seite der Stadt Wolkowysk vorbei; ach Gott! welcher Greuel der Verwüstung war hier anzusehen! Habe ich mich schon nach den Überfall bemüht, eine Beschreibung zu geben, wie es daselbst aussah, so muss ich hier bemerken, dass jetzt die Vernichtung in einen ungleich größeren Gra 363 de uns vor Augen lag, ich bin es nicht zu beschreiben im Stande, und übergehe lieber diese Schreckenssirene, um nicht weiter davon sprechen zu dürfen.

Wir schlugen den Weg ein, um den Feind zu verfolgen, und gingen nun wieder in die Gegend, wo wir kürzlich hergekommen und die wir nun das 4te mal berührten; es begegneten uns bald die unglücklichen Einwohner von Wolkowysk, die in Masse nun nach ihren Ruinen zurück kehren wollten; mit Wehmut und stillen Gram zogen sie bei uns vorüber, und welches gefühlvolle Herz hätte ihnen nicht sein Mitleid bezeigen sollen? ob 364 sie gleich durch das Anführen der Russen beim Überfall wohl auch nicht als schuldlos gegen uns erscheinen konnten, und sich allerdings dieses Unglück bereitet hatten.

Es wurden heute mehrere Hundert Gefangene gemacht, wir marschierten den ganzen Tag und biwakierten ohnfern des Dorfes Bowrinisky.

Zu meiner Freude und Beruhigung langte auch mein Bursche mit den Pferd heute noch bei mir an.

Den 18ten Novbr.

In aller Frühe marschierten wir wieder von den Biwak ab und nach den ohnfern liegenden Städtgen Swislocz; noch nicht lange waren wir im Marsch, 365 so hörten wir eine Kanonade; unsere Avant-Garde hatte in den Umgebungen von Swislocz auf die Arriere-Garde des Feindes gestoßen, und einen Teil derselben durch einen näheren Weg abgeschnitten, man hatte in kurzer Zeit abermals einige Hundert Gefangene gemacht, und wir mussten uns bald darauf, auf einer Ebene neben der Straße, die von Swislocz nach Rudnia führt, aufstellen; hier erfolgte noch etwas sehr sonderbares und lächerliches, nämlich eine lange Weile, als wir aus den Gewehr gegangen waren, sahen wir auf einmal, wie in völliger Karriere 366 ein Kosak, welcher betrunken zu sein schien, die Straße von Swislocz her geflogen kam, durch eine Menge Reiter von uns die auf der Straße hielten, so zu sagen durchflog und so in Augen von Tausenden von Menschen durch seiner so schnellen Flucht, die jeden überraschte, glücklich entkam, ob er nicht noch durch die Avant-Garde von uns, die noch etwas vorwärts stand, aufgehalten worden ist, blieb mir unbekannt.

Etwas später hörten wir wieder eine lebhafte Kanonade, und ein öfteres Bataillons-Feuer; man sagt der Feind soll abgeschnitten sein, denn 367 die Österreicher sind schon in Porozow und wahrscheinlich wird dadurch der Feind nicht gut über die Narew kommen können.

Der General Essen, welcher jetzt dieses feindliche Korps kommandiert und welches immer noch gegen 30.000 Mann stark sein soll, scheint jetzt sehr in Verlegenheit zu kommen, ob er uns gleich kürzlich erst hat durchbrechen und nach Wilna gehen wollen, doch dieser Plan ist ihm wenigstens sehr vernichtet worden.

Wir Verpflegungs-Offiziere gingen später mit der Intendanz von den Platz, wo sich das Korps aufgestellt hatte , ab und nach den ohnfern liegenden Städtgen Swislocz, um Verpfleg 368 ung für die Armee zu besorgen; die Armee nahm Position vorwärts und die Avant-Garde ging noch bis Rudnia. Man machte heute noch viele Gefangene, doch hatte man den wahren Zweck, den Feind von der Narew abzuschneiden, nicht erreicht, da die Österreicher um eine Stunde zu spät an den ihnen angewiesenen Punkt eingetroffen waren, und die Avant-Garde nur noch die Arriere-Garde des Feindes erreicht hatte; man weiß nicht was man denken soll, über einige sich schon ergebene Fälle — fast könnte man den Österreichern eine Schonung des Feindes beschuldigen — doch ich bin weit entfernt, solches glauben zu wollen.

Schrieb ich heute auch an meine Mut 369 ter.

Den 19ten Novbr.

Heute hatte unser Korps und die Franzosen einen Ruhetag; die Österreicher gingen aber weiter vor, um den Feind zu verfolgen; wahrscheinlich sind wir jetzt auf einer und derselben Straße, wo wir uns nicht so in starken Kolonnen fortbewegen können, da wir nun wieder in den uns schon bekannten Sümpfen sind, wo man außer einer schlechten Straße gar nicht fort kommen kann. Wir Verpflegungs-Offiziere gingen heute vorwärts nach Wielcky-Krincky, wo wir das Hauptquartier fanden, und da dieser Ort 370 so klein und schlecht war, so waren wir noch froh, eine Scheune als unser Unterkommen zu erhalten, wo aber wahrscheinlich des Tages zuvor leider mehrere Russen sichs hatten gefallen lassen, und uns als Andenken so einer Menge von Ungeziefer zurück gelassen hatten, dass wir recht sehr inkomodiert wurden.

Ein getöteter Ulan von uns, gewiss ein gewesener Herkules an Größe und Kraft, mit 7 Wunden und auf schrecklichste Weise zerfleischt, welcher nach aller Wahrscheinlichkeit mit Löwenmut gekämpft hatte, lag entkleidet ohnfern der Straße in unserer Nähe.

371 **Den 20ten Novbr.**

Heute ging das Korps bis Rudnia und blieb daselbst. Dieser Ort war vom Feind fast ganz vernichtet. Auf dem Wege dahin sah man Vernichtung, Zerstörung und Tote mancher Art; auch hatten wir die Gelegenheit wahr zunehmen, wie der Feind sich eine von uns noch nicht gesehene Verstümmelung der Körper erlaube, wir fanden nämlich in einem Walde mehrere Soldaten von unsern Infanterie-Regiment Anton, die wahrscheinlich durch feindliche Kugeln getötet waren, und welchen der Leib vom Hals herunter aufgeschnitten, und das Herz her 372 ausgenommen war; es war ein schrecklicher Anblick und erweckte die schrecklichste Wut in unsern Soldaten; man sagte, dass diese Greueltat von den Kalmücken begangen sei, die diese Herzen zu ihrer Speise wählten, doch bedarf dieses wohl noch einer Bestätigung.

Den 21ten Novbr.

Schon war uns wieder ein Ruhetag beschieden, wahrscheinlich drängen sich die Kolonnen, und man wird nicht so recht vorwärts können; wir hätten so gerne einen Aufbruch für heute entgegen gesehen, denn es war hier eine traurige Existenz, überall sah man Greuel der Verwüstung, und hatte nichts zu leben.

373 Den 22ten Novbr.

Wir hatten heute wieder den uns so bekannten schlechten Weg durch die Sümpfe zu passieren, und kamen nach Serezew, wohin wir 5 Meilen hatten; diese schon mittlere Judenstadt wurde sehr bequartiert; ich lag mit einigen Ingenieur-Offiziers und den Premier-Leutnant v.Larisch in ein Quartier, und wir erlebten einen traulichen Abend.

Den 23ten Novbr.

Das Korps marschierte heute nach Kobryn zu und hatte ohnfern Serezowe 2 Meilen von Serezew seinen Biwak genommen. Der Intendant und wir Verpflegungs-Offiziere blieben heute noch in Serezew we 374 gen Entnehmungen von Lebensmitteln aus dem daselbst angelegten Magazin. Die Franzosen und Würzburger, welche noch hinter uns gewesen waren, marschierten heute durch Serezew und 1 Regiment Franzosen blieb hier.

Wir Verpflegungs-Offiziere hatten uns heute zusammen in den ohnfern liegenden Edelhof einquartiert, wo das Magazin angelegt war, und befanden uns darum von diesen Durchzug etwas entfernt und in Ruhe. Man sagt, ein Korps Polen habe sich ohnfern Brczesc an den Bug aufgestellt und erwarte die Russen, die sich mehr seit 375 wärts schlagen, und nicht aufhalten sollen.

Eine Sage hatte sich auch noch verbreitet, nämlich die Russen hätten in hiesiger Gegend im Walde 3 Kanonen stehen lassen müssen; man hat auch wirklich unserer Seits ein Kommando bestimmt, solche aufzusuchen, allein es ist nichts gefunden worden.

Auch sagt man sich noch, dass in der Gegend von Brczesc noch ein russisches Korps von 12.000 Mann stehen soll.

Den 24ten Novbr.

Des Mittags gingen wir von Serezew ab, jede Partei hatte auf mehrere Tage an Lebensmitteln erhalten, die wir nun nachbringen mussten; wir 376 gingen über Zerezowe und blieben 1 Stunde davon in einen armseligen Dorfe, wo wir noch den Divisions-Park von unserer 2ten Division daselbst einquartiert fanden.

In der Nacht kam ohnfern des Hauses, wo ich mich nebst mehreren Kameraden untergebracht hatte, ein Feuer aus, es brannte ein Haus weg, und wir suchten einen weiter davon gelegenen Aufenthalt. Man muss in jetziger Zeit, bei der vielen Nacht und wenn starke Einquartierung in diesen schlechten und gar nicht feuerfesten Hütten stattfindet, allemal in Angst leben, dass ein Unglück pas 377 siert.

Den Tag zuvor war in den Edelhof bei Wisznia, wo der General Reynier bequartiert gewesen war, auch ein schreckliches Unglück passiert. Die Russen wollten nämlich um 12 Uhr des Nachts unsere im Biwak stehenden Truppen, an welche sich einige österreichische Regimenter angeschlossen hatten, überfallen, allein sei es, dass man einige Kunde davon hatte, oder entdeckte man solches zeitig genug, kurz dieser Angriff war ganz effektlos geblieben, indem die Truppen beim Anrücken der Russen schon im Gewehr gestanden, und selbige waren darum bald wieder zurück gegangen; nach 378 einigen Stunden kehrte der General mit seinem Gefolge in gedachten Edelhof wieder zurück, und wahrscheinlich war man dann bei Unterbringung der Pferde in einer großen Scheune, wo auch die Ordonnanzen und Bedienten blieben mit dem Licht nicht vorsichtig gewesen; die Ausgänge werden zugemacht, alles legt sich schlafen und so entsteht in kurzer Zeit ein Feuer, welches bei den ungeheuren Stroh- und Heu-Vorräten, welche da gewesen waren, sogleich um sich gegriffen, dass von mehreren Ausgängen nur noch einer zu benutzen gewesen ist, ward so darum und da Alles 379 in tiefen Schlaf gelegen, nur wenige von Menschen sich haben retten können, und so verbrennen 17 Menschen und 50 Pferde, da sich dieser fürchterlichen Feuersbrunst kein Mensch hat nähern können; nur 1

Pferd des Generals Reynier und 2 Pferde des Obristen von Langenau waren gerettet worden. Ich sah heute diese schreckliche Ruine, und diese darinnen verbrannten Körper.

Unser König übersandte hierauf später eine Kuppat schöner Reitpferde, die der General Reynier als Geschenk erhielt.

Den 25ten Novbr.

Heute gingen wir über Turni [380] hatten wieder einen großen Marsch, und biwakierte der größte Teil der Armee an einen Städtgen Schernacoszice, welches noch 2 Meilen von Brczesc entfernt war. Die Russen sollen sich wieder gesetzt haben.

Den 26ten Novbr.

Marschierten wir geradewegs nach Brczesc, ohne von den Feind aufgehalten zu werden, und wir würden eher dieses Ziel erreicht haben, wenn uns der Feind durch Abtragung einiger Bücken nicht einigen bedeutenden Aufenthalt gemacht hätte; unterwegs, und einige Stunden vor der Stadt, und zwar nicht weit von der Gegend, wo wir an der Lesna so ruhmvoll schlugen, [381] fanden wir einige nicht ganz unbedeutende Verschanzungen, auf einen gewesenen Biwak, die durch die Zeitlänge und der jetzigen Witterung ziemlich wieder zerstört waren, welches alles vom Feind, nach der hier gewesenen Affäre an der Lesna und unsern Hin- und Hermarsch angelegt worden war, um Brczesc von Rozanna her zu decken. Unsere Avant-Garde hatte in der Stadt inkl. aller Kranken über 500 Russen von mehreren

Regimentern gefunden, und diese Anzahl würde ungleich größer gewesen sein, wenn wir eine Einrückung in der Stadt, noch in der Nacht möglich zu machen gesucht hätten, denn in derselben 382 ist noch von 11 bis 3 Uhr die Arrier-Garde der russischen Armee, und nach Aussage mehrerer Einwohner, mit vieler Unruhe und Ängstlichkeit auf der Straße nach Butna oder Oltus davon gegangen. Wir konnten das Staunen und zum Teil den Missmut der Einwohner über die Erwartung der Dinge die nun kommen würden, besonders bei der verdammten Judenschaft fast aus den Gesichtern lesen, alles lief hin und wieder sich, manche bestürzt über unsere abermalige Ankunft und denen von uns schon wieder angekündigten Requisitionen, manche wollten uns Freudensbezeugungen über unsere An- 383 kunft versichern, besonders die Polen, und äußersten dabei nur ihre Zufriedenheit, dass ihre vor Augen gewesene Gefahr, welche die Stadt abermals bedrohte, sich so glücklich verwendet habe, denn mehrere von der Juden- schaft mogten sich ein gleiches Los mit Wolkowysk gedacht haben, sie mogten sich dabei wohl ihrer Hinterlist erinnern, mit welcher sie uns gewöhnlich benachteiligten; freilich mogten sie sich für die geforderten Requisitionen fürchten, und es mogte ihnen unangenehm sein, wenn wir der sicheren Ansicht waren, dass sie solche wohl leisten könnten, da sie doch bei einer Einrückung der Rus- 384 sen, wie sie es doch das letzte Mal getan hatten, einen überaus solvenen Part geben könnten! Unser ganzes Korps wurde, teils in Terespol, teils in Brczesc einquartiert, nur derjenige Teil der leichten Infanterie, welcher bei der Avant-Garde war, wurde über der Brücke in denjenigen Teil der Vorstadt einquartiert, welcher nach der Seite des Feindes lag, und musste dahin Feldwachen geben; alles war sehr froh, wieder ein leidliches Unterkommen zu finden, da auf dieser Straße daher, es so sehr daran mangelte, und vermöge der vielen Truppen, welche allemal zusammen kommen, gänzlich mangeln muss- 385 te. Freilich fanden wir es auch hier nun noch schlechter, als wir es nur das letzte Mal hier gehabt hatten, allein es war doch immer noch ungleich besser, als mit einer bedeutenden Menge von Menschen in ein Rauchloch zuzubringen, wie es jetzt nur hatte der Fall sein können.

Traurig und mit schrecklichen Gefühlen war es anzusehen, wenn man in der Gegend kam, wo das russische Lazarett angelegt war, hier konnte man nicht vorübergehen, um nicht mit dem größten Erstaunen die Entehrungen und Erniedrigungen der Menschheit und das Schrecklichste unseres Standes in seinem ganzen 386 Lichte dargestellt zu sehen; hier sah man die größtenteils mit dem Tode ringenden, ohne Wartung und Pflege unsern Anstalten preisgegebenen, halb verhungerten, ziemlich entkleideten russischen Soldaten welche zum Teil sich in ihren eigenen Unrat auf den größtenteils leeren Fußboden herumwälzen, und mit jammernden Blicken nach Hilfe sich umsehen; dem noch nicht erwähnt, dass man zum Teil schon Verstorbene an ihrer Seite finden musste, welches sie durch den pestilenzialischen Geruch, der überall verbreitet war, nun noch in das größte Elend versetzen musste; es wurde von unserer Seite für Nahrung gesorgt, 387 sowie die Gefangenen dazu benutzt, um Pflege und Reinlichkeit herzustellen.

Indem ich mir vornahm, dieses mir schon von andern meiner Kameraden so beschriebene Elend in seinen Umfang zu sehen, ging ich auch durch einen mir beschriebenen Gang unten im Hause, daselbst fand ich eine Kammer, zu welcher man aber kaum vor Unreinlichkeit kommen konnte, und allerdings seine Geruchsnerven auf das sicherste verwahren musste, in selbiger waren viel tote Menschen angehäuft, dass solche bis über der Türe heraus und bis oben an der Decke angefüllt war; sie [388] waren alle so abgezehrt, dass man nichts als Haut und Knochen sah; ein schreckliches Elend war es mit anzusehen, - ach! wie Manchen könnte man zu seiner Erkenntnis hierher führen , hier würde er sehen, was der Krieg bedeutet; der Krieg ist das schrecklichste Übel und Elend, was der Menschheit nur treffen kann. – gibt der Mensch zu solchen Leiden eine Veranlassung, so muss das Gefühl in ihm erstorben sein, wenn es ihn nicht auf die Folter stellt. –

Ich fragte meinen Wirt, wie es wohl sein können, dass die Russen so eine bedeutende Mange tödlicher Kranker und gestorbener Soldaten gehabt haben, da wir immer geglaubt, dass der nördliche Einwohner, ein ge [389] sunder, muskulöser und zu Strapazen mehr geschaffener Mann sei, als wie wir, und wir hätten doch jetzt eben dieselben Strapazen erlitten, als die Russen und hätten so ein Elend noch nicht in dieser Maße erlebt? Dieser gab mir hierauf folgende Erklärung: dieses Korps welches seit kurzen teilweise gegen uns gefochten hätte, wäre größtenteils von derjenigen russischen Armee, welche gegen die Türken gefochten hätte, sie wären größtenteils aus den südlichen Teilen von Russland, und wären darum anfänglich zu diesem Türkenkriege bestimmt geblieben, da sie nun an diesen 390 südlichen Klima nur einzig gewöhnt wären, und jetzt auf einmal in einem ungleich nördlicheren Teil fechten sollten, in Eilmärschen hätten hierher gehen müssen und darum viele Strapazen erlitten, hier ungleich schlechtere Kost und öfters Entbehrung erleiden müssen, wo es ihnen entgegengesetzt in dortigen Gegenden weder an Brot, Fleisch, Wein und sonstigen andern Wohlgenüssen, kein Mangel vorgekommen wäre, und alle diese so mächtige Veränderung hätte bei ihnen eine Menge Faul-, Nerven-Hitzige und andere pestartige Fieber hervor gebracht; es war wohl dem Allen Glauben 391 beizumessen.

Ich erhielt heute zu meiner größten Freude Briefe von meiner Mutter und meinem Schwager, und schrieb auch wieder an selbige.

Den 27ten Novbr.

Man hatte von Seiten der Intendanz durch einige Einwohner in Erfahrung gebracht, dass die Russen des Nachts vor ihren Abgang aus Brczesc aus Mangel an Transportmitteln, alle nicht fortzubringenden Gewehre, welches die Zahl von 300 erreichen sollte, in ein von Kobryn her an der Stadt vorbeifließendes und ziemlich zwischen Terespol und Brczesc in den Bug einlaufen- 392 des Wasser, dessen Namen mir entfallen ist, geworfen hätten. Ich wurde demnach von Seiten des Intendanten kommandiert, durch Einwohner, unter Aufsicht mehrerer Soldaten, solche herausziehen zu lassen, nachdem wir die Orte wo sich solche befinden sollten, angezeigt waren; es war eine unangenehme Partie, hier den ganzen Tag in einer schon bedeutenden Kälte, erst das Eis aufmachen zu lassen, welches in dieser Zeit sich gebildet hatte, und so den ganzen Tag an den kalten Wasser zu stehen; es wurde sich mittels großer Feuerhaken alle Mühe gegeben, die Angabe bestätigte 393 sich zwar, dass man Gewehre daselbst versenkt hatte, allein trotz des Bemühens meiner Arbeiter, erhielt ich bloß etliche 50 Stück, und obgleich in denen übrigen Tagen noch sehr daran gearbeitet werden musste, so war der Erfolg hiervon doch nur ohngefähr gegen anderthalb hundert Stück; es konnten sich deren wohl noch mehr darin befinden, allein wer konnte die Orte so genau wissen, und visitieren, da der Fluss sich immer unter der Arbeit wieder mit Eis bedeckte, und des Nachts zufror!

Den 28ten Novbr.

Man sagt sich heute viel Unangenehmes von der großen Ar- 394 mee, sie soll ihre mächtigen Fortschritte bei Moskau aufgegeben haben, indem ihr der russische General Wittgenstein von der linken Flanke her, in den Rücken gekommen, welchen sie zwar geschlagen habe, allein aus Mangel an Lebensmitteln doch bis Wilna zurück gegangen sei. Wäre dies wirklich so, und bestätigt sich diese Sage, so wären freilich Napoleon seine geglaubten Vorteile auf einmal vernichtet, und er hätte diesen schweren abermals mit vielen Opfern geführten Krieg bis jetzt ohne Vorteil geführt. Der Hunger also soll dabei sein Machtwort gegeben haben, welchem dieser gute Mann kein Gegenmit- 395 tel aufzubieten vermögend gewesen sein soll. Der General Thielmann von uns, soll mit den wenigen Rest seiner Kavallerie, welcher ohne Mühe zu zählen gewesen sein soll, nach Sachsen abgegangen sein; allerdings wird die Zahl seiner schönen Kavallerie nicht mehr groß gewesen sein, wenn auch noch dieser mächtige Gebieter, der Hunger, sie heimsuchen musste, da die Schlacht bei Mosaisk ihnen schon die größere Zahl rauben musste; oh! diese wunderschöne Kavallerie, ich sah sie bei unsern Herausmarsch aus Sachsen, en parade durch der preußischen Stadt Crossen gehen, die Majestät, diese Pracht, diese 396 Kraft-Äußerung, kurz alles hatte etwas imponierendes, und wodurch sie vermöge ihrer bewiesenen Tapferkeit, auch hinlänglich ihren Wert legitimierte; jeder der Zuschauer sah sie mit Staunen dahin reiten, besonders gefiel mir das schöne Regiment von Zastrow Kürassier, welches leider bei Mosaisk fast gänzlich aufgerieben worden sein soll. Diese schönen großen Pferde, diese großen Leute, welche mit ihren prächtigen Helms und Kürassen ein echt ritterliches Ansehen führten, welches sie durch ihre Properität und Gleichförmigkeit in allen Stücken noch vervollkommnet hatten; hier 397 zu die Offiziers, welche in ihren schönen Kollets einen vorzüglichen Glanz einzubringen wussten, kurz alles dieses musste den Zuschauer einen wahrhaft schön-militärischen Anblick gewähren; so kann alles der Vernichtung preisgegeben werden, so kann das was heute den schönsten Anblick verschafft, morgen in den Schatten und zu einem Abscheu herabgesetzt werden.

Den 29ten Novbr.

Schon in der Ruhe versunken und in größter Behaglichkeit versetzt, musste uns heute noch die Nachricht inkomodieren, dass wir wieder marschieren sollen. Wir sollen wieder denselben Weg 398 zurück nehmen, auf welchen wir jetzt hierhergekommen sind, mithin wollen wir also den vor uns retirierenden Feind nicht weiter verfolgen, und in Ruhe lassen; - - - dies muss wohl etwas anderes und wichtigeres zu bedeuten haben; sollte sich dieses bestätigen, dass wie die böse Welt sagt Tschitschakoff in der Gegend vom Slonim sich von Sacken und Essen getrennt, und in der Gegend von Wilna, die große Armee, inkommodiert habe, so lässt es sich auch glauben, dass wie man sagt, Napoleon mit Unwillen den Befehl erteilt habe, dass wir uns wieder da hinauf ziehen müssen; - wie konnten wir 399 übrigens den General Tschitschakoff folgen, und sich mit ihm beschäftigen, da uns ein ebenso stark seiendes Korps, als wir waren, sich schon mit uns beschäftigte? Würden wir solches verlassen haben, so würde uns dasselbe gewiss heißen Fußes mit seiner Gegenwart beehrt haben, und wir würden wahrscheinlich den bedeutendsten Nachteil, und nicht den Vorteil zu dessen wir jetzt gekommen, gehabt haben. Von hier bis Wilna ist 52 Meilen, und wohin wir nun noch, wie man vermutet, marschieren sollen, dann haben wir in dieser Jahreszeit noch einen harten Kampf zu bestehen. Abermals erhielt ich einen Brief von meinem Schwa- 400 ger und meiner Schwester, und schrieb auch an selbige.

Heute ging ein bedeutender Transport gefangener Russen, welche man zum Teil hier gefunden, zum Teil noch täglich auf unsern Anhero-Marsch eingebracht worden waren, von hier nach Warschau ab; nur bei einem kurzen Aufenthalte auf dem Markte, indem diese armen verhungerten Menschen etwas Brot und Branntwein bekommen sollten, wickelte sich sogleich ein Haufe Kranker, gleich einem Zwirnknäul, an der Erde auf, es legte sich für Frost und Kälte einer über den andern, und den Aus- [401] druck ihrer Leiden konnte man auf ihren Gesichtern lesen; sie wurden zurück behalten und im Lazarett aufgenommen.

Den 30ten Novbr.

Heute marschiert die 1ste Division unseres Korps hier ab, wir blieben noch hier, und wie es scheint werden wir kolonnenweise marschieren; alle Kranken werden nach Warschau transportiert; es ist ein polnischer Platz-kommandant hier aufgestellt, der, wie man sagt, mit einem kleinen Korps polnischer Truppen hier verbleiben wird.

Den 1sten Dezbr.

Heute gingen wir, als die 2te Division und die französische Division Durutte und unsere von der Avant-Garde [402] nun zur Arrier-Garde umgeschaffener Rest von Kavallerie mit seiner leichten Infanterie von hier ab; die 2te Division kam in das Städtgen Schernawszice, die Division Franzosen und gedachte Arrier-Garde aber nach Pelliszoz. Der größte Teil der Franzosen wurde einquartiert; ich ging um die Verpflegung zu besorgen mit dem Intendanten bis in das Schloss, wo es das letzte Mal in Hermarsch gebrannt hatte und welches den Fürsten Czatorinsky gehörte, hier fanden wir freilich nichts weiter als ein Obdach. Ein Wunsch, die Rückkehr ins Vaterland, wurde diesen Abend bei vielen von uns noch vage, denn wir fanden hier den Hauptmann v.d.Tann, 403 welcher in den Regiment v.Niesemeuschel gedient, sich um Abschied gemeldet, und auf künftigen Tag mit der Aussicht zu 14 Talern Pension von hier nach Sachsen abging. Kaum zu beschreiben waren die Äußerungen seiner glücklichen Gefühle, und gewiss auch mancher von uns, hielt ihn beneidenswert glücklich.

Den 2ten Dezbr.

Gingen wir Verpflegungs-Offiziere mit den Intendanten voraus nach Szerezew; die erste Division wurde heute hier mit bequartiert; es wurde uns heute auch der Wahn benommen, dass wir unsere ohnlängst hierher genommene Tour ganz zu- 404 rücklegen würden, denn wir erhielten die Nachricht, dass wir nicht nach Swislocz, sondern Rozanne, und also mehr rechts, gehen werden.

Den 3ten Dezbr.

Die 1ste Division ging heute bis Pruszany, die 2te Division mit den Franzosen und die Arrier-Garde kam nach Serezew, wo wir Verpflegungs-Offiziere heute noch blieben, bloß der Intendant ging des Abends noch nach Pruszany.

Den 4ten Dezbr.

Ich ging heute nach Pruszany, wo ich den Intendanten noch antraf; die 1ste Division hatte heute in und um Pruszany Rasttag, und es kam noch die französische Division Durutte hier an; die 2te Division mar- 405 schierte noch eine Stunde weiter vorwärts.

Den 5ten Dezbr.

Heute gingen wir nach Selez, wo die 2te Division und die Division Durutte auch hin kam. Ein dicker, großplatziger französischer Brigade-General, mit Namen Charêt, welcher seine guten Eigenschaften, auch nur in seiner Korpulenz ausdrücken soll, machte sich dadurch wichtig, dass er uns Verpflegungs-Offiziere aus einem Quartier verwies, welches er einzunehmen sich einmal vorgenommen hatte, ob er gleich ein anderes, mit eben dieser schon längst angerühmten polnischen Schönheit, wie das unsrige war, beziehen konnte; er erniedrigte sich noch dadurch, dass er uns un- 406 ser am Kaminfeuer gesetztes Fassungs-Fleisch, ob es ihm gleich von denen bei uns sich befindlichen französischen Verpflegungs-Offiziers begreiflich gemacht wurde, dass es unser Eigentum sei, nicht verabfolgen ließ; um alle weiteren Händel zu vermeiden, gaben wir unser Eigentum auf, mogte er seinen dicken Wanst damit füllen, in unsern Augen blieb er ein gemeiner Mensch.

Den 6ten Dezbr.

Rozanna war heute das Ziel unseres Marsches, wohin wir 4 Meilen hatten; die 2te Division und die Division Durutte rückten hier ein, die 1ste Division blieb auf denen rückwärts liegenden Dörfern, und rückte alles in die Quartiere, 407 bloß einige kleine Vorposten wurden ohnfern von Wohnungen gewöhnlich jetzt ausgestellt, und der Haufe der Vorposten oder diejenigen Truppen so dazu geschlagen waren, mussten, besonders des Nachts, in Alarmhäusern beisammen bleiben. Es war heute recht sehr kalt, und ob es gleich den ganzen

Marsch her der Fall gewesen war, so wurde es doch immer noch empfindlicher. Ich hatte mir es auf dem Marsch hierher größtenteils dadurch sehr bequem gemacht, dass ich mich in einem mit Stroh angefüllten Fassungs-Wagen einsetzte, und mich in einem in Szerezew gekauften polnischen Schafpelz ein hüllte, so dass gerade meine Person 408 von der Kälte eben nicht so sehr inkomodiert wurde.

Den 7ten Dezbr.

Die in Rozanna stehenden Truppen hatten Ruhetag, die 1ste Division aber marschierte durch genannte Stadt, und wurde noch 2 Stunden davon auf der Straße nach Zelwia zu, in daselbst liegenden Dörfern einquartiert; die Kälte ich furchtbar, mein Gott! wie soll das noch werden! Wenn wir immer noch so in Unruhe verbleiben, und die Kälte in denen Graden wächst, wie es jetzt der Fall gewesen ist, und wie wir bereits noch vermuten müssen, da wir doch den eigentlichen Winter noch gar nicht angetreten 409 haben; man darf nur einige Minuten sich der Luft exponieren, so ist man schon bereift und erfroren, endlich hilft auch die wärmste Bekleidung nichts mehr. Zu unserer größten Freude schmeichelt man sich wieder hier einiger Ruhe, wenn doch der Himmel die Vermutung bestätigen wollte, es wäre glücklich für die Menschheit. Ich wollte mit größten Vergnügen in meiner Judenstube, ob sie gleich schlecht ist, gerne stecken bleiben, ist man doch der schrecklichen Kälte nicht so ausgesetzt. Die 2te Division von unsern Bataillon musste heute auch von hier ab und nach Zelwia mar- 410 schieren, um daselbst mittels eines

Proviant-Offiziers die durch denselben vorgeschriebenen Verpflegungs-Forderungen zu unterstützen.

Den 8ten Dezbr.

Es liegt hier ein ohnfern der Stadt angebautes, großes und schönes Schloss, voll von Kranken, Sachsen und Franzosen aller Art, welche von diesen Marsch hierher, größtenteils Teils an erfrorenen Gliedmaßen leiden, ja sogar haben welche das Gesicht, auch das Gehirn im Kopfe erfroren und liegen teils wahnsinnig, teils besinnungslos herum; es ist doch schrecklich was die Menschheit leiden muss, diese Scheusale sind unbeschreib- 411 lich, welche diese Zeitperiode liefert; es ist Niemanden mehr auffällig, es ist aber auch nicht selten, hie und da auf den Straßen erfrorene Menschen und Tiere in großer Masse zu sehen; wie ist dies aber auch anders zu vermuten, unser Soldat muss, jetzt gerade in der härtesten Kälte, so schlecht bekleidet einhergehen, dass es bei jedem, welcher sich nur etwas besser befinden kann, gewiss dass schmerzlichste Mitleid erregen muss; seine Montierung ist zerrissen, noch weit mehr sein Kapot, wo er öfters nur mit einen zerrissenen Stück erscheint, nicht viel besser, und öfters noch schlech- 412 ter ist er an den Beinen bekleidet, er hat öfters keine Schuhe mehr und muss sich mit Lappen umwundenen Pelz begnügen, wenn er diesen zu seinem größten Glück an einem Ort noch hat stehlen oder nach den gewöhnlichen jüdischen Ausdruck, der uns leider schon so manches Mal unser Ohr beleidigte, rapieren konnte; und leider konnte diesen armen Menschen, wie gewiss jeder seiner Oberen bemüht gewesen wäre, jetzt gerade am wenigsten geholfen werden, das Fuhrwesen, welches noch einige Montierungs-Vorräte hatte, war jetzt entfernt von uns, und man durfte es nicht heranziehen, indem un- 413 ser Aufenthalt zu unsicher war, und außerdem hatten wir keine Mittel in den Händen, diesen schrecklichen Mangel abhelfen zu können. Würde auch jeder andere den Vorwurf machen, warum man nicht Kleidungsstücke requirierte, da man doch in Feindesland sei? Allein man denke sich, wenn man in einer Gegend in einem Zeitraum von ohngefähr 4 Monaten 5 bis 6 mal hin und her gezogen ist, wo man ohnedem allemal Requisitions, wenn auch nicht allemal in Kleidungsstücken, doch in Lebensmitteln machte, wie ist wohl da noch etwas zu finden glaubhaft? Wir muss-ten jetzt nur froh sein, wenn wir 414 noch etwas Lebens-mittel auffanden, mit welchem schon größtenteils die größte Not ist? und würde es noch möglich gewesen sein, doch hin und wieder für jenes Bedürfnis etwas tun zu können, so sollte es erst gefertigt werden, und solches abzuwarten fehlte es uns gewöhnlich an Zeit.

Den 9ten Dezbr.

Heute schrieb ich an den Vater nach Dresden.

Den 10ten Dezbr.

Abermals erhielten wir wieder die uns nicht angenehme Nachricht, dass wir von hier wieder zurück und in der Gegend von Brczesc in die Kantonierung rücken sollten; unangenehm konnte uns diese abermalige Veränderung unserer Operation schon darum 415 sein, weil wir uns dieser großen Kälte wieder exponieren sollten, und abermals auf einer Straße wandeln, welche von uns so bekannt und ausgefressen war; zwar hatten wir in der

Gegend von Rozanna auch kein Wohlleben, allein dort konnten wir ebenfalls nichts erwarten; doch der Soldat muss nun einmal allezeit mit seinem Schicksal zufrieden sein.

Den 11ten Dezbr.

Die Division Durutte marschierte heute von hier ab, nach Ciszeow und es rückte unsere Arrier-Garde hier ein.

Den 12ten Dezbr.

Marschierte die 1ste Division sowie die Intendanz nach Podorosk und hatte einen Marsch von 3 Meilen, 416 die 2te Division blieb noch in Rozanna. Einige Kosaken-Patrouillen sollen wieder bis über Kobryn vorgedrungen, jedoch wieder zurück gegangen sein, und ihre Arrier-Garde soll immer noch in der Gegend von Rutna und Oltus fest stehen; der Feind ist demnach von einem Korps polnischer Truppen, welches sich bei Brczesc aufgestellt, in Aufsicht erhalten worden, darum haben wir auch jetzt so eine ruhige Einquartierung genossen.

Den 14ten Dezbr.

Erhielt unsere 2te Division die Ordre zum Aufbruch und wir sollen über Smilinisky nach Kuszchize gehen; die Division brach um 8 Uhr auf; da ich noch Lebensmit 417 tel für das Bataillon zu fassen hatte, so musste ich bis des Mittags in Rozanna verbleiben, dann setzte ich mich in meinen Wagen und fuhr wohlgemut dem Bataillon nach; die Kälte war höchst bedeutend und der Weg sehr weit, ich hatte einen großen Wald zu passieren und kam heute nur bis Smilinisky, wo es bei meiner Ankunft schon Nacht wurde und ich noch 2 Stunden bis zum Bataillon hatte; da ich mehrere Fassungs-Offiziere daselbst antraf, so blieb ich auch hier; von einigen Husaren, welche ebenfalls in diesem Dorf übernachteten und welche von Brczesc herkamen, hörte ich, dass vor einigen Ta [418] gen zwischen einem Detachement polnischer Ulanen, welche von Brczesc aus kommandiert gewesen wären, um eine Rekognoszierung zu unternehmen, und einem Trupp Kosaken ein kleines Scharmützel vorgefallen wäre, wobei beide Teile einige Blessierte gehabt hätten.

Den 15ten Dezbr.

Marschierten wir nach Pruzanny.

Den 16ten Dezbr.

Über Podobna in ein zwei Stunden weiter gelegenes Dorf, dessen Namen mir entfallen ist, wo aber alles so voll von Husaren, reitender Artillerie, Schützen und Mannschaften von unsern Bataillon be [419] quartiert war, das man kaum noch in so einem Rauchloch ein Unterkommen finden konnte.

Das ich dieses Jahr noch einmal die Gegend von Podobna sehen sollte, wo doch so mancher Kamerad von uns auch sein Leben aufgegeben hatte oder zum Teil noch an den daselbst erhaltenen Wunden litt, hätte ich nicht geglaubt; jetzt lag diese Gegend, welche uns damals so viel Unruhe und Aufopferung kostete, ruhig und einsam da, als wenn nichts von allen dem vorgefallen wäre. Manche unserer Waffenbrüder bedeckte jetzt der Schnee und liegt in seiner physischen Ver- [420] nichtung; - ruhet sanft! dachte ich — in jenem

Leben sehen wir uns wieder – heute an dir, morgen vielleicht an mir!!!

Den 17ten Dezbr.

Kamen wir nach Pelische

Den 18ten Dezbr.

Gingen wir nach Wistitze.

Napoleon ist neueren Nachrichten zu Folge über Dresden nach Paris abgegangen und soll das Kommando der Armee dem König von Neapel übergeben haben. Heute hat man auch die Nachrichten, dass wir bei Lublin die Winterquartiere beziehen sollten, und die franz- Armeen über die Weichsel gehen würden; was noch endlich alles in unsern jetzigen Verhältnis vorkommen 421 wird, mag Gott wissen!

Den 19ten Dezbr.

Bezog das Korps abermals die Kantonnements, das Hauptquartier war in Woleyn, unser Bataillon mit dem Bataillon Anger und der Batterie Bonniot kamen in das Dorf Stawy, und so waren alle Parteien verhältnismäßig untergebracht. Da die Verpflegung von den Kantonnements entnommen wurde, so blieb ich beim Bataillon. Ob zwar gleich zwei Edelhöfe in diesem Dorfe waren, so waren selbige doch nur von der Beschaffenheit, dass in dem einen nur der Obrist von Tettenborn als Brigadier mit seinen Adjutanten und in dem andern die Stabs- Offiziers von 422 unsern Bataillons mit ihren Adjutanten sein konnten, und alle übrigen Offiziers mussten also nun mit elenden Rauchhütten vorlieb nehmen. Es war eine sehr angenehme Aussicht, da es Kantonierung hieß, also auf eine längere Zeit sich zum Zeitvertreib nun ausräuchern zu lassen. Unsere Pferde standen in Ställen, welche von weidenen Ruten , aus Mangel an Holz, den diese Gegend besitzt, zusammengeflochten und gebaut waren, und man denke sich diese Kälte dazu, welche immer noch wütete, kurz es war ein äußerst trauriger Aufenthalt in aller Hinsicht. Schon zum öftern habe ich mich bemüht, die polnische [423] Unreinlichkeit und erbärmliche Lebensart zu beschreiben, allein es ist auch wahrhaft zu versichern, dass dieser Gegenstand unerschöpflich bleibt. Man denke sich von außen eine Hütte, welche von starken Pfosten zusammengebaut und größtenteils so niedrig ist, dass man fast auf das Dach, welches äußerst liederlich von Stroh zusammengebaut ist, hinauf greifen kann, und welche übrigens so einen kleinen Raum einnimmt, dass man sich nur eine kleine Stube und vor derselben noch einen kleinen Hausraum denken kann. Tritt man in dieser, bei uns in Vergleich zu stellenden Kohlenbrenner-Hütte, welche sehr öfters auch noch zum Einstürzen [424] die Ansicht gibt, mit vieler gekrümmter Stellung in selbige ein, so ist man nicht im Stande, wenn Feuer in den in der Stube angebrachten Backofen angemacht ist, für mächtigen Rauch aufrecht gehen zu können, dieses ist nicht etwa nur der Fall wenn Brot gebacken wird, nein! Dieser Backofen verrichtet auch hier den bei uns doch gewöhnlichen Ofen. Die Stube an sich selbst, hat höchstens nur 3 Ellen Höhe, der Rauch zieht in der ganzen Fläche derselben auf fast 1 ½ Ellen, von der Decke herunter berechnet, herum und zieht dann langsam durch ein an der Decke angebrachtes Loch, wovon der Durchmesser ohngefähr ¼ Elle ist, von wo aus er sich dann entweder willkürlich in das 425 kleine Dach verzieht, und so durch der irregulären darauf gelegten Strohschoppen durchstreicht, oder durch einen an der Stubendecke angebrachten hölzernen Trichter bis durch das Strohdach durchdringt, in welchem Fall man den Himmel in der Stube sehen kann, und welche Öffnung, wenn sich der Rauch verzogen hat, zumachen kann. Man wird also hieraus die Ohnmöglichkeit einsehen, bei dieser Heizung aufrecht gehen zu können, wie es wohl die Einwohner tun, so solches gewöhnt sind, und will man sich nicht von Rauch beschwert sehen, so mussten z.B. wir auf unsern Strohlager liegen bleiben, oder man musste sich in gekrümmter Stellung auf einer alten mit 426 Schmutz bedeckten Bank setzen, wo einen vielleicht Ungeziefer aller Art erwartete. Ist das Feuer niedergebrannt und die Stube einigermaßen von Rauch erwärmt, denn der von starken Steinen erbaute Backofen ist nicht geeignet viel Hitze von sich geben zu können, und der Rauch hat sich durch gedachte Öffnungen, oder wenn ja noch manchmal nächst der Stubentür ein kleines Kamin angebracht ist, durch das Kamin in den Hausraum verloren, so sieht man in der nicht geteilten Stube an der einen Wand ein oder zwei angebrachte kleine Öffnungen, als Fenster, in welchen sich einige kleine Glasscheibchen befinden, welche kaum hinlängliches Tages- 427 licht befördern können, zum Teil findet man an diesen Öffnungen auch keine Glas- oder Hornscheiben, sondern an dessen Stelle nur von Holz gefertigte kleine Schubläden, in welchem Fall man bei kalter Witterung entweder frieren oder finster sitzen muss. Ist man nun noch so glücklich eine Hütte mit Glas- oder Hornscheibgen zu finden, so findet man in der Stube nächst den Ofen eine Art von Pritsche, auf welcher die Lumpen der Familie zerstreut herumliegen, und die gewöhnlich zahlreiche kleine Familie, darauf sitzend, wenn solche nicht auf oder hinter den Ofen sich befindet. In dieser Nähe befindet sich auch ein von Baumruten geflochte- [428] ner Korb, welcher vermöge einiger Stricke oder Bänder, die von der Stubendecke aus an den Korb abgebracht sind, im Freien hängt, hierinnen befindet sich auf ein bisgen Heu und ein paar Lumpen oder zum Teil kleinen schmutzigen Betten eingehüllt, ein kleines Kind, welches die Hauswirtin oder auf polnisch Cospotina, wenn es erwacht und nicht länger still liegen will, ohne es aus dem Neste zu nehmen, indem sie sich gegen dieses hängende Nest biegt, so mit ihren bis zum Unterleib hängenden Brüsten, durch säugen wieder zum Schweigen oder schlafen bringt. Ein Gestell, welches ein schmales Stück Brett, worinnen 4 hölzerne [429] Stängelchen eingemacht, stellt ihren Tisch vor, und außer etwa noch ein kleineres Gestelle dieser Art, welches einen Sessel vorstellen soll, sind außer den an den Wänden angebrachten Bänken, ihre Meubles; ein in einer noch leeren Ecke der Stube aufgestellter großer Klotz, worauf sich zwei Mühlsteine befinden, und welche in der Peripherie eines mittleren Schleifsteines bei uns sind, wovon der unterste fest auf den Klotz angemacht ist, und um selbigen ein hölzerner Reifen in einem Zwischenraum befestigt ist, sowie der obere Mühlstein in der Mitte durch eine eiserne Spindel mit den unteren verbunden und oberhalb der Spindel noch ein Drehding befestigt 430 ist, dies ihre eigentliche Mahlmühle, wenn nicht etwa ein Edelmann in diesem Dorfe ist, in welchem Fall man zuweilen eine Windmühle antrifft. Einige alte gewöhnlich unreinliche Töpfe und Schüsseln, ein Weihfäßgen nächst der Tür, ein Marienbild an der Wand, und nun sind ihre Habseligkeiten genannt. Erdäpfel und Sauerkraut oder auf polnisch Capuste sind mit sehr schlechten Brot ihre gewöhnlichen Lebensmittel, übrigens sind vorzüglich im Winter essen und schlafen ihre gewöhnlichen Ausfüllungen der Zeit. Der Wirt oder Cospotasch so wie die Cospotina haben beide einerlei braune von groben 431 Tuch gefertigte Kutten an, die der Bekleidung unserer Baugefangenen ähnlich sind, an den Füßen haben sie Schuhe von geflochtenen Bast, die sie sehr geschickt zu verfertigen wissen, der Cospotasch hat ein paar grobe Leinwand-Beinkleider, über welchen sein stets schmutziges grobes Hemde heraushängt und worüber er in der Mitte des Leibes mit einem ledernen Riemen umgürtet ist, und dann trägt er seine braune Kutte darüber, ohne weiter eine Weste zu haben. Die Cospotina hat ein langes Hemde und ihre Kutte an, und man würde öfters Mann und Frau nicht voneinander unterscheiden können, wenn letztere sich nicht durch ein Tuch um den Kopf und ersterer durch einen Bart im gan- 432 zen Gesicht und einer Pelzmütze, die er im Sommer und Winter trägt, sich auszeichneten. Läuse sind nun in jeder dieser Hütten unausbleiblich zu finden, und es ist nicht möglich sich sattsam dafür schützen zu können. In so einer Situation, wo ich wahrlich in allen Stücken der Wahrheit treu geblieben bin, in so einer

Lage sage ich, sollte man nun seine traurigen Wintertage zubringen, wo man hinkommt, findet man es nicht besser, man mag gehen zu einem Kameraden zu welchen man will, jeder verdrossen über diese Lebensweise kann einem noch mehr verstimmen als erheitern, man mögte hier noch seine [433] Existenz verwünschen. Viel besser war es doch noch im Sommer, wo man auf den Biwak oder in einer Scheune war, und diesem Gesindel gar nicht zu nahe kommen durfte; doch! die Vorsehung wird uns doch auch wieder einmal aus diesen Labyrinth verhelfen, dies ist noch der einzige Trost den man sich noch geben kann. Man errichtet Fanalstangen, um sich ein etwaiges Andringen des Feindes, gleich einem Telegraph, bekannt machen zu können.

Den 20ten Dezbr.

Wirtschaftlicher Angelegenheiten halber musste ich heute zum Intendanten in das Hauptquartier nach Wolcyn reiten, welches [434] von unsern Kantonnement nur 1 Stunde entfernt ist. Ich fand hier einen nur erst angekommenen Ergänzungs- und Requisitions-Transport aus Sachsen, es waren 900 Man als Ersatz, und sah dabei einen von unsern Regiment Prinz Maximilian und sonst in meiner guten Vaterstadt garnisoniert gewesenen Unteroffizier, den Korporal Francke mit seiner Frau, er war zu diesem Transport mit kommandiert und ging auch wieder zurück nach Sachsen. Wir freuten uns wirklich beide, den günstigen Zufall erlangt zu haben, uns sehen zu können, erinnerten uns früherer Zeiten und ich schied wirklich mit trau-[435]rigen Gefühlen von ihm, indem mir manches noch vor Augen stand, dass uns begegnen könne, wenn ich wirklich noch so glücklich sein sollte, mein Vaterland wieder zu sehen.

Den 21ten Dezbr.

Neueren Nachrichten zu Folge soll die französische Armee schon nach Grodnow retiriert sein, die ganze Kavallerie. Sowie das Korps des Marschall Victor, worunter auch unser Dragoner-Regiment Prinz Johann und die beiden Infanterie-Regimenter von Rechten und von Low gewesen sind, soll größtenteils gefangen und aufgerieben sein; alle Kanonen und Equipage sollen aus Mangel an Pferden stehen geblieben, ruiniert und 436 verbrannt worden sein, ja sogar des Kaisers Napoleon Equipage soll nicht fortzubringen gewesen sein, und er habe solche verbrennen lassen; dies ist doch schrecklich und kaum glaubenswürdig, dass in so kurzer Zeit eine solche Armee ihrer Auflösung entgegensehen musste. Mehrere neuankommende französische und alliierte Truppen, sollen in der Gegend von Posen stehen. Auch unsere Leib-Kürassier-Garde soll sich auf den Marsch hierher befinden, und diesem traurigen Los vielleicht ebenfalls entgegen sehen.

Den 22ten Dezbr.

Zu unsern größten Vergnügen spricht man abermals von einem 437 baldigen Aufbruch und Übergang über den Bug und in das Herzogtum Warschau; allerdings können wir nicht hier bleiben, indem wir vermuten müssen, dass in dieser Situation die Russen bald nach Grodnow kommen werden, in welchem Fall uns der Feind in unsere linke Flanke manövrieren würde.

Den 23ten Dezbr.

Marschierte unser Bataillon nach Jutnow, welches noch diesseits des Bug war; alle Offiziers kamen auf den dasigen Edelhof ins Quartier.

Den 24ten Dezbr.

Marschierten wir wieder, und kamen mit dem 2ten leichten In- 438 fanterie-Regiment in das Städtgen Mielnick hart am Bug. Es wurde heute ein Tagesbefehl bekannt gemacht, denen Einwohnern alles Schlacht- und Zug-Vieh wegzunehmen, und sodann die Quantität der Intendanz anzuzeigen; ein Beweis, dass wir nun das Feindesland verlassen wollen; also wollen wir ihnen auch noch ihre letzten Kräfte benehmen, und sie total von allem entblößen, dass sie nun noch Hunger sterben können!!!! - - ein schrecklicher Gedanke. - -

Glücklicherweise mogten es diese Einwohner, wo ich Verpflegungs-Offizier diesen mich empörenden Befehl exekutieren 439 sollte, zeitig genug erfahren haben – ich fand nichts – konnte also auch nichts entnehmen.

Das gewünschte Streben nur in unsern Herzogtum Warschau wieder zu sein, wo doch in mehreren Stücken eine noch etwas vernünftigere Lebensart herrschte, konnte nun bald erfüllt werden. Wir entlassen uns nach diesen Abend, nämlich der Sous-Leutnant v.Einsiedel, v.Schlieben und meine Wenigkeit, jenseits des Bug einen sehr nahe liegenden Edelmann zu besuchen, und den heutigen Abend, als den Abend einer freudigen Erinnerung der Jugendzeit gewiss für je- 440 den in unsern eigenen Lande /: wie lange solches noch bleiben wird :/ zuzubringen. Wir ließen zuvor diesen Edelmann unsere Wünsche zu erkennen geben, allein dieser gute Weihnachtsheilige Abend an diesen von uns allen so erfreuliche Erinnerungen aufsteigen, wurde nicht so in Freundschaft und Eintracht verlebt, wie wir es wünschten, denn wir fanden leider einen stolz-dummen Polen, welcher nur den Glauben haben mogte, dass wir von ihm nur traktiert sein wollten, und verkannte hierinnen ganz unsere Absicht.

Den 25ten Dezbr.

Als den 1sten Weihnachtsfeiertag 441 verließen wir des Feindes Land, und unser Bataillon nebst der leichten Infanterie übernachtete in den Städtgen Lossice. Über die traurigen Erfolge der groß gewesenen französischen Armee sagt man sich jetzt, ohne noch offizielle Nachrichten hiervon zu haben, folgendes: Russland habe mit allem Fleiß Napoleon hinter Moskau zum Frieden die Hoffnung gegeben, während dessen ein bedeutendes Armee-Korps unter den Befehl des Fürsten von Wittgenstein, von Petersburg her, der französischen Armee in den Rücken manövriert sei, dies hätte jedoch immer noch nicht die bekannte Nie- 442 derlage derselben bewerkstelligt, wenn nicht der höchste Grad von Kälte dieser Gegend, so wie der Hunger, indem alle Einwohner bemüht gewesen, auch noch das wenige, was noch auf dieser schon ohnedem im höchsten Grad ruinierten Gegend, etwa noch zu finden gewesen, vergraben und in den dicken Wäldern geschafft hätten. Die französische Armee musste also nun in größter Eile, in der härtesten Kälte und größten Hungersnot von Moskau über 100 Meilen einen Weg passieren, auf welchen ihr unter steter Verfolgung des Feindes auf allen Seiten, alle diese schon erwähnten, so 443 schrecklichen Hindernisse stets verfolgen mussten; Verzweiflung und eine gänzliche Auflösung aller Armee-Korps musste der Erfolg dieser eingetretenen glücklichen – oder unglücklichen Ereignisse sein. Der Kaiser Napoleon schlug zwar noch mit einem Rest seiner Armee, den sich an der Berezina aufgestellten Admiral Tschitschagoff, welcher sich in der Gegend von Wolkowisk mit 40.000 Mann, zu der Zeit als wir bei nur erwähnter Stadt mit den General Sacken und Essen die Gefechte bestanden, von selbigen getrennt hatte, und dahin marschiert war, allein eine gänzliche Niederlage muss- 444 te Napoleon doch warten, da er nun von allen Seiten mit überlegener Macht angegriffen worden war. Napoleon hat sich nach mehreren Nachrichten für seine eigene Person unter Bedeckung mehrerer Generals und Offiziers, welche nach dem Ausdruck mehrerer öffentlicher Blätter, die heilige Schar genannt wird, über die Berezina und nach Wilna zu retten gesucht; eine gänzliche Auflösung dieser Armee, der Verlust alles Geschützes, welches gegen 700 Piecen betragen soll, der Verlust aller Equipage, selbst der des Kaisers, indem er solche, aus Ohnmöglichkeit des Fortbringens, selbst habe verbrennen las- 445 sen, musste der Erfolg seiner früheren Unternehmungen sein, - er irrte sich diesmal sehr, indem er in seiner Proklamation prophezeilig sagte: „Russland wird seinen Schicksal nicht entgehen." – auch er wurde hier überwiesen, dass er nur Mensch sei, und – bleibe, und hätte wohl bedenken sollen, dass es ihm als Prophet schon so traurig in Ägypten ging! –

leider, dass so viele Tausende die traurigen Folgen hiervon mehr als er selbst – empfinden müssen.

Augenzeugen haben mir das Schreckliche nicht genug beschreiben können, unter fortwährender Verfolgung des Feindes und der Ohnmöglichkeit sich gehörig für das Erfrieren schützen zu kön- 446 nen, hätten sich die gänzlich zerstreuten franz. Parteien zurückgezogen, weder Disziplin und Subordination wäre mehr beobachtet worden, die Soldaten hätten auf ihre Offiziere und Generals geschossen, ihre Gewehre weggeworfen, um nur noch ihre in und bei Moskau erbeuteten Reichtümer zu retten, kaum wären die Straßen für erfrorene und verhungerte Menschen zu passieren gewesen, in keinem Ort wäre ein Einwohner zu finden gewesen, noch weniger Lebensmittel, öfters hätte man einen Haufen versammelter Soldaten gesehen, welche in einen mächtigen Streit begriffen gewesen und sich ge 447 schlagen hätten, hätte man es untersucht, so hätte man gesehen, dass sie ein aufgefundenes noch lebendes Pferd getötet und über die Teilung des Fleisches sich gezankt hätten, ja späterhin hätte man von längst gefallenen Pferden immer noch gezehrt, sich endlich selbst mit dem Fleisch von Leichnamen begnügt; schreckliche Entehrungen der Menschheit. –

In Wilna musste den Feind eine bedeutende Kasse mit ansehnlicher Menge von Waffen aller Art, so wie der Rest der franz. Artillerie in die Hände fallen. Kein Franzose ist mehr zu zwingen gewesen, ein Gewehr zu nehmen, bloß ihre Kassen plünderten sie.

Kurz, wollte man auch nach allen Hören und Sagen – 448 alle diese Ereignisse beschreiben, man würde nicht im Stande sein, solches tun zu können. Hoffentlich werden es sich mehrere angelegen sein lassen, dieses näher und besser zu beschreiben und hierüber ein gerechtes Urteil zu fällen – ich werde schweigen.

Den 26ten Dezbr.

Heute übernachtete das Bataillon in Rocisize und Sossinigaicke.

Den 27ten Dezbr.

Wir marschierten über Siedlec, wo das Hauptquartier war, nach Chotow, welches von ersterwähnten Ort, das ein recht hübsches Städtgen war, noch eine Stunde entfernt lag. Da im selbigen Lebensmittel entnommen werden sollten, 449 so blieb ich daselbst zurück und quartierte mich bei einem Juden ein. Eine große Menge auf dem Markt aufgefahrener Wagen, mit Lebensmitteln beladen, verkündete uns eine reichliche Verpflegung, welche sich vielleicht der größte Teil von uns entsagt hätte, wenn er gewusst, dass es noch das letzte Habe und Gut derer bis aufs Blut noch gepeinigten russisch-polnischen Einwohner sei; mit den härtesten Wünschen hatte man also noch vor unsern Übergang über den Bug, diesen armen Menschen gewiss ihren ziemlichen Rest entnommen; möge uns nicht die Nemesis treffen.

Den 28ten Dezbr.

Die 1ste Division der Armee so wie 450 das Hauptquartier marschierte von hier fort nach Stanislawe, die 2te Division blieb in und um Siedlec.

Den 29ten Dezbr.

Blieben wir noch immer in Ruhe. Der Feind soll in Biala eingerückt sein. Heute ging ein russischer Parlamentär hier durch in unser Hauptquartier; seine Geschäfte bestehen wahrscheinlich in Unterhandlung wegen Auswechslung einiger bei Wolkowysk von unserer Intendanz gefangenen Sekretärs und Kanzlisten betreffend.

Öfters gehen jetzt, sowohl von Seiten unserer als des Feindes Parlamentärs hin und her; ihre Bestimmungen sind gewöhnlich immer von keiner großen Bedeutung 451 und wahrscheinlich geschieht es von beiden Seiten in der Absicht, gelegentlich sich auszuforschen und Beobachtungen zu machen.

Nach einer so strengen Kälte, welche bis jetzt uns so sehr heimsuchte, tritt auf einmal ein mächtiges Tauwetter ein; dies wird uns sehr viel Unannehmlichkeiten und Krankheiten verursachen.

Den 30ten Dezbr.

Heute marschierte unser Bataillon 1 Stunde weiter auf der Straße nach Warschau fort und kam in das Dorf Niewiska; ich blieb noch wegen Verpflegungs-Geschäfte in Siedlec.

Den 31ten Dezbr.

Da es uns immer wahrscheinlicher wurde, dass wir des baldigsten nach Warschau kommen würden, in welcher Gegend es an Fourage großen Mangel geben soll, so entschloss ich 452 mich heute, eines von meinen Pferden und zwar meinen kleinen Fuchs zu verkaufen.

Den 1sten Januar 1813

Man sagt, der Feind dringt über Biala vor.

Die gewöhnliche frohe Laune, die Ruhe und Freude, welche mich von je her diesen Tag beseelte, so glücklich zu sein und abermals ein neues Jahr zu erleben, musste mir leider diesmal ermangeln; traurige Empfindung in der Zukunft, in das unauflösliche Dunkel, stand mir zur Seite!!! Doch war ich froh, selbiges gesund und wohl angetreten zu haben; vielleicht schenkt uns noch die Vorsehung ruhigere und bessere Tage, als wir freilich hierzu die 453 Aussicht nicht haben. Dieses verflossene Jahr war sehr schwer, wie oft kämpften nicht alle Elemente, alle Trübsale und Widrigkeiten gegen uns, die so mancher unserer braven Kameraden nicht überwinden konnte – vielleicht wird es bald besser als wir glauben.

Den 2ten Januar

Marschierten wir aus unseren abermaligen Kantonnements ab; das Bataillon kam in das Dorf Kuski; und da die Verpflegung in dem Orte selbst entnommen wurde, so blieb ich beim Bataillon.

Den 3ten Januar

Bezog die 2te Division unserer Armee abermals Kantonierungs-Quartiere und unser Bataillon 454 kam nach Schimna-Woda.

Die vermeinte große Armee ist so zerstreut, dass sie sich teilweise auf Sammelplätze zurückzieht; der Hauptsammelplatz soll Stettin sein, wo sich auch der König von Neapel befindet, welcher nach Abreise des franz. Kaisers von der Armee das Oberkommando der Armee übernommen hat; die Polen mit den Franzosen sollen jetzt teilweise in Warschau ankommen, und man soll öfters die einen nicht von den andern unterscheiden können, da sie bekleidet sind mit dem, was sie nur alles in der Not haben bekommen können, die Polen haben franz., 455 und die Franzosen wieder polnische Montierungen an, ja nachdem sie die auf den Straßen mit Requisiten stehen gebliebenen Wagen aufgefunden und sich damit haben bekleiden können.

Das 7te Armee-Korps, womit wir genannt worden, hat jetzt in Warschau auf einmal den Namen die große Armee erhalten — wir sind wohl allerdings in der Ordnung, um noch des Feindes Aufmerksamkeit zu verdienen und ob wir uns gleich sehr vermindert, so sind wir im Verein der Österreicher immer noch ein respektables Korps, allein für eine große Armee genannt zu werden, wären wir doch immer zu klein; diese Sotise kann uns nur der Feind machen. 456 Unsere Bestimmung scheint jetzt dahin zu gehen, so lange wie möglich diesseits der Weichsel zu bleiben und dadurch das Herzogtum Warschau zu decken und daselbst eine allgemeine Bewaffnung zu bezwecken, für welche unser König einen Aufruf soll ergehen haben lassen.

Man sagt Frankreich soll Österreich Triest und Fiume mit den Illyrischen Provinzen wieder zurückgeben wollen, wenn es mit einer bedeutenden Armee gegen Russland in Wolhynien eindringt; es wäre eine bedeutende Aufopferung, welche es auf der einen Seite leistete, während es sich auf den andern einen wesentlichen Nutzen verschaffen könnte. Frankreich soll Preußen seine ganze Kavallerie-Pfer [457] de abgekauft haben, wäre dieses gegründet, so hätte Frankreich mit einem Schlage – zwei Fliegen tot geschlagen. Frankreich muss ein schreckliches Schicksal erfahren.

Es gibt hier sehr viele Wölfe, die Dreistigkeit dieser Tiere gehet jetzt so weit, dass sie sich schon in der Dämmerung in der Nähe der Gehöfte einfinden und die Dörfer durchlaufen.

Den 4ten Januar

Die nötige Vorsorge in Hinsicht unserer Verpflegung machte es notwendig, dass ich noch heute gegen Abend nach Gremkow fahren musste, welches 2 Stunden von unsern Kantonierungs-Quartier entfernt war; da meine Forderungen [458] nicht befriedigt werden konnten, ich sehr bald expediert war und ein schnelles Fuhrwerk hatte, so konnte ich noch diesen Abend wieder zurückreisen.

Den 5ten Januar

Heute erhielt ich den Befehl nach Warschau zu reisen, um daselbst nach eingegangener Order, die dort befind-lichen Hospitäler zu untersuchen und die darinnen von unsern Bataillon befindlichen Kranken aufzuzeigen, da man größernteils dessen Aufenthalt nicht wusste; auch sollte ich Traktaments- und Löhnungs-Gelder von unserer sich daselbst aufhaltenden Kriegs-Kasse entnehmen und, da ich mich ohnstreitig wegen ersterer Geschäfte [459] mehrere Tage aufhalten musste, so wurde noch der Sousleutnant v.Schlieben kommandiert, mit mir zu gehen, und dann das von mir in Empfang genommene Geld zum Bataillon zu transportieren; zu dessen Behuf fuhren wir also

den 6ten Januar

beide auf einen Wagen vom Bataillon ab, über das elende Städtchen Stanislawo nach Okuniew, welches nicht viel besser war und wo wir, da wir noch 5 gute Stunden bis Warschau hatten und nicht in der Nacht dahin kommen wollten, über Nacht verblieben; kaum konnten wir in Okuniew unterkommen, und es würde Schwierigkeiten ge [460] geben haben, wenn uns nicht ein guter Freund, der Leutnant v.Flemming vom Grenadier-Bataillon Anger, der daselbst als Platz-Kommandant angestellt war, bei sich aufgenommen hätte.

Den 7ten Januar

Gegen 10 Uhr kamen wir in Praga an, suchten daselbst unsern Wagen mit unsern beiden Burschen unterzubringen und gingen dann nach Warschau und ins Hôtel de Dresde; bei allen Bemühen konnten wir daselbst kein Unterkommen erhalten und wir hätten weiter gehen müssen, wenn uns nicht der Divisions-Auditeur Kretzschmar, welcher heute [461] ebenfalls angekommen war, in seiner Stube aufgenommen hätte.

So wie es mir das erste Mal in Warschau nicht behagte, so konnte ich auch diesmal meine Gesinnung hierüber nicht ändern, ich blieb

den 8ten, 9ten und 10ten Januar

daselbst und hatte in diesen Tagen sehr viele Geschäfte, besonders mit den Besuch von Hospitälern, deren ich 11 zu visitieren hatte und wovon 3 zu Stunden voneinander entlegen waren; dieses Elend, diese Greuel, die Abgestumpftheit, so man da fand, lässt sich nicht beschreiben, und da ich die Stuben größtenteils selbst durchgehen musste, weil [462] die Lazarett-Behörden wegen des übermengten Zuwachses, nicht einmal genaue Verzeichnisse führen konnten und alle ihre Kranken nicht namentlich wussten, so war ich sehr froh, als ich dieses äußerst unangenehme Geschäft beendigt hatte. Die müßigen Stunden des Tages brachte ich größtenteils in unsern Gasthof zu, da es der Sammelplatz aller sich hier befindlichen sächsischen teils kranken teils kommandierten Offiziers war. Der Leutnant v.Schlieben fuhr mit meinem Wagen, da sein zu diesem Zweck bestimmter Fuhrmann mit seinen Wagen davon gefahren war, den 9ten Jan: mit den Gebührnissen [463] von Warschau ab, und da ich wegen meiner vorgehabten Geschäfte also erst

den 11^{n} Januar

abgehen konnte, so blieb mit weiter nichts übrig, als mit den Leutnant v.Uichtritz, welcher krank gewesen und wieder zum Bataillon wollte, zu Fuß den Weg nach Ockuniew anzutreten, da ich mein Pferd in den Kantonierungs-Quartier gelassen hatte. Die Witterung war sehr schlecht, es war sehr windig mit Schnee-gestöber vermischt, und da wir beide auf unsern Pedal uns nicht so recht verlassen konnten, so füllte es ziemlich die Zeit des Tages aus, ehe wir Ockuniew erreichten, doch! wir man sagt: Gott hilft seinen Leuten, so geschah es uns auch, noch [464] ehe wir dahin kamen, trafen wir einen Schlitten, bei welchem ein Grenadier von unserm Bataillon war, der einen Offizier der Avant-

Garde bis vor zum Korps gefahren hatte und nun wieder nach Warschau fahren wollte, von woher er gekommen war. Dieser musste wieder umkehren und uns vollends nach Ockuniew bringen, und von da des folgenden Tages, falls wir keine Fuhre bekämen, uns zum Korps zu bringen, welches dann auch geschah. Wir blieben hier abermals bei dem Leutnant v.Flemming. Des Nachts ging ein Kurier durch und brachte die Nachricht, dass der Feind unsere Arrier-Garde bei Liw angegriffen; schon nach einigen Stunden ging der General Reynier, dem dieser Kurier in Warschau getroffen, hier [465] durch und vor zum Korps.

Tausende Kosaken hatten den größten Teil des Korps von unsern General v.Gablenz von Wengrow bis Liw fortwährend verfolgt, so dass dieselben bis 40 Schritt den braven 2ten leichten Infanterie-Regiment von uns, während eines 5 stündigen Marsches genähert geblieben und nichts damit bezweckt hatten, da dieses Regiment mit Ruhe und anwendbaren Feuer durch ihre zum Seiten heraus getretenen Plänklern, in geschlossenen Massen, und zum Schutze unserer voran gegangenen wenigen Husaren, sich langsam zurückgezogen hatte.

Den 12^{n} Januar

Des Morgens kam schon die französische Division Durutte bei [466] Ockuniew an, und es war nun wahrscheinlich, dass sich auch noch in diesen Tagen unsere Armee zurückziehen würde; wir fuhren jedoch des Morgens ab nach Stanislawo, ich hatte auch über einen Rüstwagen, welche ich in Warschau mit Requisiten beladen und gestern mit anhero genommen hatte, zu disponieren, und nahm ihn mit zum Bataillon, um Beimontierungsstücke an die Mannschaft auszugeben; des Mittags kamen wir daselbst an, und mussten uns entschließen, in Stanislawo zu verweilen, da alle Wagen, so auch das von Leutnant v.Schlieben gebrachte Geld, hierher gebracht worden war. Es war demnach zu erwarten, dass das [467] Korps entweder baldigst hierher kommen würde, oder dass man diese Gegenstände von Wert daselbst nicht gesichert glaubte, in beiden Fällen ich mich verpflichtet hielt, zum Schutze dessen, einige Stunden hier zu verweilen. Der General Reynier ging des Nachmittags über Stanislawo nach Ockuniew zurück, und man hatte Nachricht, dass die Truppen in ihrer Position stehen bleiben sollten. Unser Bataillon stand zwischen Stanislawo und Schimna-Woda, und nachdem ich alles an einen sicheren Unteroffizier übergeben hatte, entschloss ich mich diesen Abend noch zum Bataillon zu fahren, um mich über die Ausgabe alles dessen mit dem Major zu besprechen; ich kam in der Dun [468] kelheit daselbst an, musste bei unsern Brigadier den Herrn General Major v.Sahr des Abends mit speisen, welches mir sehr erfreulich war, da ich den ganzen Tag nichts warmes gegessen hatte, und fuhr

den 13ten Januar

wieder zurück nach Stanislawo, wo das Bataillon heute auch hin marschierte, um die Ausgabe der Löhnungs-Gelder und Beimontierungs-Stücke zu besorgen, welches mich diesen ganzen Tag mit vielen Unannehmlichkeiten beschäftigte, wofür mich jedoch des Abends erhaltene

Briefe von Mutter, Schwester und Schwager entschädigten.

Den 14ⁿ Januar

Man sagt, dass unser schon seit [469] langer Zeit auf der Insel Rügen bei Greifswald in Schwedisch-Pommern, gestandenes Regiment Prinz Maximilian, auf den Anheromarsch sei, auch dass die mit vielen Unglück ihrer Auflösung, nach Wilna, entgegen gegangenen Regimenter v.Rechten und v.Low wieder neu errichtet würden.

Den 18ⁿ Januar

Man will heute in der Gegend des Kantonnements der Österreicher ein Kanonenfeuer gehört haben. Die Russen sollen in der schönen Stadt Pulawi sein, wäre dies gegründet, so wäre unsere rechte Flanke selbst unser Rücken, da wenigstens Kosaken die gefrorene Weichsel [470] passieren können, sehr bedroht. Wir stehen seit einigen Tagen abermals ganz ruhig.

Schon seit gestern befinde ich mich nicht recht wohl; wie ist dieses aber auch zu verwundern? Schon haben wir so viele Beweise, dass wir bei einer gewissen Ruhe, allemal eine bedeutende Menge Kranke erhalten, welches als natürliche Folge derselben und des schlechten Aufenthalts angesehen werden kann, da nicht nur der Körper solche nicht gewohnt sondern auch die in denselben eingesaugten Krankheitsstoffe durch eine ungesunde Luft in den Stuben, ganz zur Unzeit und auf die nachteiligste Weise entwickelt werden müssen; [471] hierzu erwäge man noch, dass früher in diesen Orten, wo wir uns jetzt aufhalten, französische Truppen kantonierten, welche eine bedeutende Anzahl Kranker bei sich führten, viele deren gestorben waren, welche man zum Teil nicht einmal begraben hatte, und in allen Ställen, Erdäpfellöchern, Scheunen etc. mitunter schon durch die Verwesung geschändete, herumliegende Leichname fand, so dass eine förmliche Seuche daraus entstanden war, ein Beweis, dass man in fast allen Häusern kranke Einwohner fand, welche häufig starben. Wären wir in der Jahreszeit, wo die Auflösung dieser zur Schau herumliegenden Kada- 472 ver, von der Witterung mehr unterstützt würde, er würde hier eine förmliche Pest herrschen. Ich ging heute hinter meiner Wohnung, um einen Bequemlichkeitsort für gewisse Bedürfnisse aufzusuchen, und fand daselbst in einem halb eingefallenen Stall einen toten Ochsen, der von Hunden oder Wölfen auf die Hälfte verzehrt war; da mich dieser Anblick widrig ansprach, so ging ich in einen nebenstehenden Stall, wo ich ebenfalls einen toten Ochsen und unter dessen Hinterteil einen in Verwesung übergegangenen Menschen fand, man denke sich diesen schrecklichen Anblick und diese Entehrung der Menschheit. 473 Fast täglich wurden von unserer Kompanie 5 bis 6 und mehrere Mann krank, gewöhnlich klagen sie sich erst über Kopfschmerzen und in einigen Tagen vermehrt sich ihre Krankheit so, dass man in ihrem Aufkommen zu zweifeln die größte Ursache hat, da sie gewöhnlich von einem Faul oder Nervenfieber beschwert werden. Täglich gehen bedeutende Krankentransports von uns, so wie von andern Bataillonen, welche in dieser Gegend stehen, von hier ab oder hier durch nach Warschau, und trotzdem, dass alles angewendet wird, so viel Transportmittel aufzufinden, als nur mög- 474 lich ist, so ist man doch nicht vermögend zu verhüten, dass sich hier noch eine bedeutende Anzahl Kranker aufhäufen, welche am Ende entweder wegen des so schlechten Unterkommens und der äußerst dürftigen Pflege und Behandlung, indem keine Mittel hierzu allhier aufgefunden werden können, ein Raub des Todes oder später der Diskretion des Feindes überlassen werden müssen; oh ! trauriges Schicksal des Menschen, wenn uns doch diesmal die Vorsehung mit einem besseren Verhältnis begünstigen möge.

Den 19^n Januar

Mit froher Laune und einiger Freude kam heute mein alter Freund Taucher zu mir, um 475 mir die Nachricht mitzuteilen, dass er auf Veranlassung des Hrn. General Leutnant v.Lecoq sowie 4 Unteroffiziers vom Bataillon kommandiert worden, zurück nach Sachsen zu gehen, um das Exerzieren derer daselbst ausgehobenen jungen Mannschaft mit zu betreiben, zu welchem Behuf von allen Regimentern und Grenadier-Bataillons eine verhältnismäßige Anzahl Offiziers und Unteroffiziers kommandiert worden war. So sehr ich es meinen Freund gewiss vergönnte, das glückliche Los gezogen zu haben, so erregte es doch auch den Wunsch in mir, ihm Gesell 476 schaft leisten zu können, wenn ich erwägte, wie verhängnisvoll unser Schicksal noch werden könnte und werden würde, von denen allen er nun auf einmal als befreit anzusehen sei. Doch! ich tröstete mich mit anderer meiner Kameraden und mit einer gewissen

Bestimmung des Soldaten, und fühlte mich dann auch wieder beruhigt.

Den 20ⁿ Januar

Schon sollen den neuesten Nachrichten zu Folge die Russen bei Thorn über die Weichsel gegangen sein, und das französische Hauptquartier sich in Posen befinden. Wie wird sich unser Schicksal noch endigen, wenn der Feind so weit vorgeht und wir befinden uns noch so be 477 deutend weit zurück? Wir dürfen nicht lange mehr verweilen, und ist der Feind in Posen, so kann uns sehr leicht der Weg nach Sachsen abgeschnitten werden. Wen wir nun vollends Schlesien nicht passieren dürfen, so muss unser Schicksal sein, uns im Herzogtum Warschau, wo wir überall vom Feind umgeben und von Ländern eingeschlossen, die wir nicht passieren dürfen, bis auf den letzten Mann zu schlagen oder uns zu ergeben; - es gehe wie es gehe, ich bin gefasst.

Den 21ⁿ Januar

des Abends um ½ 11 Uhr kam in Stanislawo, wo immer noch unser Aufenthalt war, auf den Markt, in der Gegend, wo 478 das Grenadier-Bataillon Anger einquartiert war, ein Feuer heraus und brannte, vermöge der möglichsten Hilfe der Soldaten, nur ein Haus weg. Hierbei ergab sich ein Vorfall, welcher die Rohheit oder die zur Verzweiflung gereizte Lage der Polen recht deutlich bewies. Der Wirt des Hauses, welches abgebrannt war und welcher etwas deutsch sprach, ist gerade nicht zu Hause, als dieses Unglück geschieht, indem er als Bote mit Briefen versendet gewesen; als er am Morgen wieder zurückkehrt, ist er über diesen Vorfall sehr gleichgültig und achtet der Versicherung einiger Soldaten, die bei ihm im Quartier gelegen hatten, nicht, einige seiner Kinder gerettet zu haben, welche doch die Veranlassung durch [479] Verbrennen einiger Späne gegeben hatten, vielmehr hatte er noch geäußert, als man ihm versichert, man habe sich alle mögliche Mühe gegeben, sein Haus zu erhalten, allein der Mangel an Wasser und alle übrigen schlechten Anstalten, hätten eine Erhaltung nicht möglich gemacht „er wäre sehr froh darüber, sein Haus wäre sehr bald wieder aufgebaut, und er wäre doch jetzt von Einquartierung befreit".

Den 22^n Januar

Man will für gewiss wissen, dass der kommandierende preußische General Yorck mit seinen etliche 20,000 Mann ohne großen Widerstand in Königsberg kapituliert habe, dass er [480] alle Gewehre und Waffen behalten, und jetzt die Preußen mit den Russen gemeinschaftlich den Dienst daselbst verrichten. Oft erachtet öffentliche Blätter versichern, dass Yorck dieserhalb beim König von Preußen sehr in Ungnade gefallen, da derselbe hiervon nichts wissen wolle, so schließt man doch hieraus, dass früher oder später Preußen sein Schicksal an Russland binden wird.

Den 23^n Januar

Das Grenadier-Bataillon Anger und unser Bataillon wurden heute kommandiert, das sich bei der Avant-Garde befindliche 2te leichte Infanterie-Regiment abzulösen, und zu dessen Behuf [481] nach Dobre zu marschieren, welches von Stanislawo 3 Stunden vorwärts auf der Straße nach Wengrow lag, und wohin man fast nichts als Wald zu passieren hatte, mit welchem selbst der Ort unserer Bestimmung umgeben war. Als wir daselbst ankamen, wurde die 3te Division von unsern Bataillon von uns aus eine Stunde rechts detachiert, um die Kommunikation mit dem Obristen Hann, welcher mit einiger Kavallerie und einem Teil des Grenadier-Bataillons v.Eichelberg ebenfalls als Avantgarde auf der Straße nach Siedlec aufgestellt war, zu erhalten. Freilich fanden wir unsere Lage gegen der vorigen nicht gebessert, da 482 uns nun nicht allein hier eine fortwährende Unruhe und eine Menge Dienstgeschäfte erwartete, als auch ein schlechtes Unterkommen und Mangel an allen; wir mussten gleich bei unserer Ankunft eine Feldwacht von 1 Capitaine, 1 Offizier und etliche 60 Mann geben, wovon der Capitaine 1 Stunde vorwärts an einer Mühle, und der detachierte Offiziers-Posten, einige Stunden weiter vor und sehr unsicher für einen Repli-Posten sich zurück zu ziehen. Da Dobre ein noch kleineres Städtchen als Stanislawo war, der größte Teil der Einwohner sich entfernt hatte, und dessen Wohnungen größtenteils wenigstens so vernichtet, dass man keine 483 Türen und Fenster fand, und in denen noch bewohnbaren Häusern alles von der Kavallerie sich untergebracht hatte, so war es schon äußerst schwierig für uns Offiziers eine kleine Stube zu finden, und unsere armen Soldaten mussten sich größtenteils in diesen abgebrannten elenden Hütten unterzubringen suchen, wo sie fast sich schlechter als auf einem Biwak befanden.

Da ich mich in Hinsicht meiner Gesundheits-Umstände wieder gebessert hatte, und wegen der wenigen Offiziers, der Major die Verpflegung des Bataillons einem Unter-Offizier , welcher nun damit bekannt war, übergeben hatte, so begleitete ich das Bataillon.

484 Den 24^n Januar

Von heute an wurde der Dienst insofern vermindert, dass nur 1 Offizier mit 60 Mann Infanterie und 20 Mann Kavallerie auf Feldwacht bei der Mühle aufgestellt wurde, und der früher noch 1 Stunde weiter vorwärts aufgestellte unsichere Offiziers-Posten von 20 Mann, eingezogen wurde. Wir wurden heute 3 mal alarmiert und mussten unter das Gewehr treten, indem der Feind fortwährend die Feldwacht beunruhigte, doch kam es zu keinen weiteren Gefacht. Später wurde es eingerichtet, dass fortwährend der dritte Teil der Mannschaft auf denen ihnen angewiesenen Alarmplätzen aufgestellt bleiben muss- 485 te, wobei unser Bataillon hinter der Stadt am Rande des Waldes auf der Straße nach Stanislawo zum Repli aufgestellt und angewiesen war; und so wurde der Dienst, untermischt mit dieser Unruhe, auch

den 25^n Januar

verrichtet.

Den 26^n Januar

kam ich auf Feldwacht und marschierte zu dessen Behuf mit meiner Mannschaft früh um 9 Uhr von Dobre ab. Fast durchgängig hatte ich dicken Wald zu passieren, durch welchen mich eine breite Straße führte. Als ich eine Stunde marschiert war, und auf einen, im Durchmesser einer ¼ Stunde, zirkelförmigen feien Platz kam, auf dessen kleiner Anhöhe einige Häuser angelegt waren, [486] fand ich die aufgestellte Feldwacht, welche durch den Premier-Leutnant v.Linsingen vom Grenadier-Bataillon Anger, kommandiert wurde. Allein mit dieser aufgefundenen Feldwacht fand ich auch den Feind; da es jedoch nach genommener Übersicht nur ein Trupp Kosaken war, der am jenseitigen Waldrand in einzelnen Haufen hin und her ritt und teilweise auf unsere Vorposten schoss, so entschlossen wir uns ohne Bedenken, die detachierten Posten ablösen zu lassen, da der Haupttrupp unserer Feldwacht hinlänglich gedeckt war, indem zu beiden Seiten, wo derselbe aufgestellt, etwas trüglicher Sumpf und einige Teiche befindlich waren, über [487] welche zwar ein zu passierender Damm ging, der aber mit einem detachierten Posten von 1 Unter-Offizier und 10 Mann noch besetzt war. Ehe jedoch die Posten alle abgelöst waren, erhielten wir Befehl vom General v.Gablenz, uns nach Dobre zurück zu ziehen, weil wahrscheinlich der Feind auf der Anderen Seite weiter vorgegangen war. Wir zogen demnach unsere Posten sämtlich ein, der Leutnant v.Linsingen marschierte mit der alten und neuen Feldwacht und einen Teil der Kavallerie voraus und ich übernahm die Arrier-Garde, welche ich von den alten und neuen Detachement die vor den Damm gestanden hatten, bildete, wozu sich ein kleiner Teil der Kavallerie anschloss; ohne [488] vom Feind inkomodiert zu werden, konnten wir uns von unsern Posten ab, aus den Häusern heraus und fast über die Anhöhe hinweg bis ziemlich am

Rande des Waldes ziehen; allein in einem Augenblick stand auch ein Trupp Kosaken von etlichen 20 bis 30 Mann im Freien auf der Höhe aufmarschiert; der Teil der Kavallerie, welcher mit mir zurückgegangen, ohngefähr 10 Mann, wurde von den Premier-Leutnant und Adjutant v.Craushaar von der Kavallerie, welcher diesen Rückzug zu dirigieren vom General v.Gablenz beauftragt war, befehligt, den Feind entgegen zu gehen, um mit ihm einige Plänkeleien vorzunehmen, und ihn vielleicht dadurch näher an das Infanterie-Feuer und in den Wald zu bringen; ich wurde veranlasst, 1 Unteroffi [489] zier und 6 Grenadiers am Holzrande, verteilt zu beiden Seiten der Straße, stehen zu lassen, welche unsere Husaren-Plänkler unterstützen sollten; mit meinem übrigen Teil sollte ich mich immer langsam fortziehen, so dass die Straße frei bliebe, und meine Mannschaft auf beiden Seiten derselben als Plänkler verteilt waren. Allein! da jetzt fast alle unsere Kavallerie das Vertrauen auf ihre Pferde und der Ausdauer derselben, als eine natürliche Folge, verloren haben müssen, darum auch der größte Teil ihrer Unternehmungen misslingen, so geschah es auch hier, sie gingen langsam zum Plänkeln vor, und ehe man sich's versah, attackierte der Feind auf sie, und warf sie so, dass wenn [490] sie das Feuer meiner ausgestellten 6 Mann nicht sicherte, sie alle in des Feindes Hände gekommen wären. Wie ist dieses aber auch anders möglich? Diese 3 bis 400 Mann Kavallerie, welche wir ohngefähr noch haben, und welche nun bald Avant- bald Arrier-Garde machen muss, ist nun seit länger als ¼ Jahr ohne Rücksicht auf Jahreszeit so unaufhörlich gebraucht worden, dass fast kein Pferd völlig dienstfähig mehr ist, jedes, ohne Ausnahme, ist geschwellt oder gedrückt, da es niemals mehr abgesattelt werden kann, denn Rekognoszierung, Patrouille, Ordonnanzritt, Feldwacht und Reserve wechseln nur stets miteinander ab. Kommt man daher in einem solchen Stall oder Schuppen, wo einer Menge solcher Pferde stehen, so kann man 491 es vor Gestank kaum aushalten. Öfters erhält es auch kein Futter oder nur sehr wenig, wie es in diesen Zeiten gewöhnlich vorfällt, und muss tagelang seinen Dienst ohne denselben verrichten, so dass fast jedes Pferd jeden der Sache nicht ganz Unkundigen als kraftlos erscheinen muss. Hierzu erwäge man noch, dass fast der mehreste Teil der guten Kavalleristen durch die öfteren Gefechte, Scharmützel oder Patrouillen entweder getötet, blessiert oder gefangen gemacht worden., und dass selbst nach Aussage mehrerer Offiziers von ihnen, nur noch eine Anzahl neuer Leute oder solche existieren, welche man früher schon nicht als so wichtig angesehen habe, und welche durch stete Überlegenheit des Feindes ihr Vertrauen 492 so verloren, dass sie öfters ohne Beisein einiger Infanterie, ihren Dienst nicht mehr verrichten können, und es ist auch gewiss, dass unsere so brave leichte Infanterie immer sich so gegen den Kosaken in Respekt gesetzt und erhalten hat, dass dann allenfalls noch jeder Kavallerist sich einen Schutz versichert weiß. Man nehme alle diese angeführten bedeutenden Übel zur Hand, so wird sie gewiss jeder Militär entschuldigen, und diesen Rest unserer Kavallerie immer noch das Zeugnis geben, dass sie stets eine brave Kavallerie gewesen ist, und auch sein muss, da sie nach so manchen ausgestandenen Gefahren doch immer noch existiere. Ich habe mich über diesen Gegenstand vielleicht zu sehr ausge- 493 breitet, man verzeihe mir, wenn ich langweilig geworden bin; ich komme nun wieder auf unsere heutigen Vorgänge zurück.

Bald kehrte also der Kosaken-Trupp wieder zurück, nachdem sie im Walde noch mehrere Infanterie erblicken mogten, und wir zogen uns nun langsam, in Begleitung der Kavallerie, auf der Straße zurück, marschierten durch Dobre, wo wir die übrigen hier gestandenen Truppen nicht mehr fanden, und gingen weiter auf der Straße nach Stanislawo fort; nicht weit von Dobre und zwar am Eingange des Holzes nach Stanislawo, blieb 1 Offizier mit 20 Pferden von den Husaren zur Observation stehen und wir marschierten noch fort 494 bis ohngefähr 1 ¼ Stunde vor letztgedachten Ort, wo ich mit meiner Feldwacht an einer Mühle mich aufstellen musste; des Abends kam der mit seinem Kommando bei Dobre stehen gebliebene Offizier zurück und schloss sich an mich an, und wir mussten durch unablässiges Patrouillieren unsere Sicherheit zu erhalten suchen, und unsere Patrouillen, welche bis an den Ort Dobre gehen mussten, brachten uns immer die Nachricht, dass der Feind bis dahin noch nicht vorgedrungen sei; wahrscheinlich mogte ihm die einbrechende Nacht und das Misstrauen, dass wir uns in den bedeutenden Wald Verstecke gelegt hätten, abgehalten haben. Als eine Sonderbarkeit erzählten 495 uns die Patrouillen, so wie mir auch schon der Husaren-Offizier erzählte, dass so wie wir uns von Dobre entfernt hätten, sich auch die entwichenen Einwohner daselbst wieder allmählich eingestellt hätten, ohne die wahrscheinlich baldige Ankunft derer Kosaken zu scheuen.

Den 27ⁿ Januar

Des Morgens gegen 9 Uhr attackierte der Feind abermals meine Vorposten und drängte sie zurück, da ich diesen jedoch Verstärkung vorschickte, so ging er bald wieder zurück; es war nur eine Patrouille gewesen, die sich wahrscheinlich von unseren Standpunkt überzeugen wollte. Um 11 Uhr wurde ich von den Sousleutnant v. Flemming von Grenadier-Bataillon Anger abge [496] löst und marschierte nach Stanislawo zurück, wo wir heute noch verblieben.

Den 28ⁿ Januar

Gegen Mittag marschierten wir nach Michalow, welches auf der Hälfte der Straße nach Okuniew lag, und ein zum Teil abgebranntes, zum Teil von den Einwohnern verlassenes Dorf war, und unsere Leute größtenteils im Schnee biwakieren mussten. Das Grenadier-Bataillon Anger und ein Teil der Kavallerie war noch zurück in Stanislawo verblieben. Es schneite heute recht sehr und unsere Leute mussten in Gottes freier Natur mit einer Schneedecke vorlieb nehmen.

Die Wölfe zeigen sich uns jetzt [497] recht sehr und schon in noch leichten Abendstunden sind sie in der Nähe unserer ausgestellten Posten und zeigen sich später durch ihr unaufhörliches Geheul an.

Den 29ⁿ Januar

Des Mittags veränderten wir unseren Standpunkt abermals, und rückten 1 Stunde von Okuniew in ein kleines, trauriges und von den Einwohnern ziemlich verlassenes Dorf, dessen Namen mir entfallen ist.

Den 30ⁿ Januar

Rückten wir nach Okuniew, und wurden von der Avant-Garde abgelöst.

Den 31ⁿ Januar

Wir marschierten heute nach Warschau und unser ganzes Korps wurde daselbst einquartiert; [498] die Österreicher befinden sich noch jenseits der Weichsel und wir sind demnach jetzt einmal außer gänzlicher Kriegs-Unruhe gesetzt; aber wir werden nach allen Anstalten nicht lange hier bleiben die Bewaffnung des Herzogtums ist doch nicht vonstattengegangen, wie man es gehofft, überdies würde der von allen Seiten und mit Macht andringende Feind, dadurch nicht aufzuhalten sein.

Man sucht die hiesigen Hospitäler so viel als möglich zu transportieren; alle uns zur Not entbehrlichen Wagen müssen an die Intendanz abgegeben werden, worauf man Kranke nach Petrikau transportieren will; die Intendanz ist so [499] gar auf den törichten Einfall gekommen, einen großen Teil derer noch mit Krankheit beschwerten Soldaten, Pferde zu geben, damit sie auf solchen, nach den genannten Ort reitend sich begeben sollten, wohin es doch von Warschau eine Entfernung von etliche 20 Meilen war; dieser Unsinn bestrafte sich so, dass die mehresten dieser armen Menschen, die unterwegens zu bleiben genötigt und den größten Mangel und Elend ausgesetzt gewesen, --- darum ihres Lebens verlustig wurden.

Den 3ten Februar

Während diesen Tagen, die wir jetzt in Warschau verlebten, wurden wir noch mit Geld und Kleidung versehen, auch wurde das ₅₀₀ Korps auf mehrere Tage mit Lebensmitteln versorgt, und heute verließen wir diese Stadt, um uns weiter zurück zu begeben.

Dieses, wegen des Verlustes einer seiner Fahnen bei Wolkowysk zu einem Bataillon verschmolzene Regiment Prinz Friedrich August, wurde auch in diesen Tagen so wie noch mehrere französische und polnische Bataillone, zur Besatzung nach Modlin kommandiert, welches eine von den Franzosen angelegte Erdfestung war, die in neuesten Zeiten erst erbaut und ohngefähr 5 bis 6 Meilen von Warschau links seitwärts am rechten Ufer der Weichsel und dem Einfluss des Bug in der Weichsel gelegen ist; diese Festung, welche zu Wohnungen der Soldaten ₅₀₁ nichts als Baracken gehabt hat, hat sich doch bis in den Spätsommer dieses Jahres gehalten, ehe sie kapituliert hat; allein die Besatzung hat durch Krankheiten und endlichen Mangel erschrecklich gelitten; in der Hälfte der Belagerungszeit hat man schon Pferdefleisch essen müssen.

Wie man vernimmt, ist für Warschau mit dem Feind eine Kapitulation abgeschlossen worden, worinnen unter mehreren Punkten, die Stadt in einigen Tagen von den Österreichern den Feind übergeben wird und unsere daselbst noch in Mengen gebliebenen Kranken der Diskretion des Feindes überlassen werden.

Wir hatten heute einen Marsch ₅₀₂ von etwas mehr als 2 Meilen und wurden ziemlich weitläufig einquartiert; der

Stab, die 1te und 4te Division von unserm Bataillon kam nach Michlanowa, die 2te und 3te Division nach Czanow.

Den 4ten Februar

Wendeten wir uns von der Straße nach Petrikau weg und gingen mehr rechts über Groziska nach Wiskitky; das Hauptquartier war jedoch noch in den an der obgedachten Straße gelegenen Städtchen Mszezanow einquartiert, welches einen Marsch von 4 Meilen hatte.

Den 5ten Februar

Kamen wir weiter rechts nach Skierniewice, ein Marsch von 3 Meilen.

Nach sicheren Nachrichten haben sich die Österreicher von uns getrennt, und nehmen 503 ihren Marsch nach Krakau; somit ist das gewesene Bündnis zwischen ihnen und Frankreich aufgelöst und die Truppen ziehen sich in den nächst liegenden Ost-Galizien, als ihr eigenes Land, zurück. So nach sind wir wenigen Sachsen nur noch mit der französischen Division Durutte verbunden, indem wir auch keine polnischen Truppen mehr in unserer Nähe wissen; die nun überall hereindringenden feindlichen Massen werden uns gewiss noch erlangen.

Ich bekam heute einen Brief von meinem Schwager.

Den 6ten Februar

Heute marschierten wir nach Na- 504 tolna, welches 3 Stunden von Brzoziny entfernt und wo das Haupt-quartier untergebracht war, welches einen Marsch von 4 Meilen hatte. Ich schrieb heute an meinen Schwager.

Den 7ᵗᵉⁿ Februar

Hatten wir Ruhetag und ich schrieb an meine Mutter.

Ich musste heute eine Veränderung mit meinem Burschen vornehmen, da mein alter Bierwirt krank geworden war.

Den 8ᵗᵉⁿ Februar

Hatten wir Quartier in Lodz, das Hauptquartier war in Fabianice; abermals ein Marsch von 4 Meilen.

Den 9ᵗᵉⁿ Februar

War das Korps in und um Szadeck bequartiert; ein Marsch von [505] 3 Meilen.

Den 10ᵗᵉⁿ Februar

Hatte das Korps sein Nachtquartier in und um Wartha, an den Fluss gleichen Namens; ein Marsch von 3 Meilen.

Den 11ᵗᵉⁿ Februar

Heute hatten wir Ruhetag. Schon unsere Vorkehrungen seit einigen Tagen bewiesen, dass wir den Feind in der Nähe haben müssten, und heute erfahren wir , dass unsere rechte Flanke gänzlich damit bedroht ist, darum auch Korps unseres Vorposten Generals, des Hrn. General Major v. Gablenz auch uns zur rechten Seite marschiert; der Feind soll nur noch 2 Meilen von War [506] tha entfernt sein, somit weren wir ihn wohl recht bald wieder ins Auge bekommen.

Der General Reynier soll zu unsern, während unseres ganzen Feldzuges für den Vorpostendienst sich so ausgezeichneten General Major v. Gablenz gesagt haben: „ er solle dem Feind beweisen, dass er nicht von der großen Armee sei!". Das Hauptquartier marschierte diesen Mittag noch von hier ab, die Truppen aber so noch überdies in Wartha einquartiert waren, wozu auch unser Bataillon gehörte, blieben heute noch hier.

Den 12ten Februar

Wir marschierten jetzt Brigadeweise und unsere Brigade 507 v. Sahr kam heute nach Clewo, ohngefähr 3 Meilen Weges.

Das Hauptquartier hatte in ebenmäßiger Weite sein Nachtquartier in Koszmineck.

Gestern ist in der Gegend Dobra, einige Meilen rechts von Wartha, in dessen Umgebung der General Major v. Gablenz mit seiner Avant Garde gestanden, vermöge eines vom Feinde vorgenommenen Überfalls ein Gefecht gewesen, wobei der Rittmeister v. Taubenheim von die Husaren und 30 Mann blessiert, überdies 8 Mann getötet worden. Dieser Überfall soll den Feind übrigens durchaus keine Vorteile verschafft haben. Unter andern erfuhren wir auch heute noch ein höchst lächerliches Ereignis 508 nämlich: 2 Offiziers von uns, ein gewisser Leutnant Sels von die Husaren und Brauschitz von der Artillerie haben mit einigen wenigen Husaren auf mehrere Stunden eine Rekognoszierung unternommen: sie näherten sich einem Städtgen, in welchen sie noch keine Spur von Feinden haben, reiten demnach in selbiges hinein und nehmen in einem Gasthof einige Genüsse zu sich. Bei dieser Gelegenheit fühlt einer von diesen Offiziers ein gewisses Bedürfnis, welches nach dem bekannten Ausdruck, kein anderer für ihn verrichten konnte, und indem derselbe sich in seinem besten Geschäfte befindet, ver 509 breitet sich der Lärm, dass Kosaken in der Stadt sind, alle können mit genauer Not sich nur auf ihre Pferde schwingen und darum muss dieser Offizier selbst mit offenen Beinkleidern nur dieses Ziel zu erreichen suchen; man sprengt nun mit verhängten Zügel davon, ein Trupp Kosaken folgt jedoch auf hartem Fuß und so verliert dieser mit seiner Bekleidung so in Unregelmäßigkeit geratene Offizier zuerst seine Uhr und nach einiger Entfernung auch seinen Säbel, durch die dadurch entstandene Habsucht der Kosaken, die darum größtenteils von den Pferden 510 gestiegen und sich um den Fund gestritten hatten, gewinnen erstere doch so viel Vorsprung, dass trotz einer Verfolgung von 2 Meilen von einen übermengten Trupp, doch nur unserer Seits von 5 Husaren 2 Mann gefangen genommen worden sind, deren Pferde zum Entkommen nicht mehr fähig gewesen.

Ich kam diesen Abend noch auf Piquet, indem jetzt die Veranstaltung getroffen war, dass von jeder Partei ein gewisses Kommando des Nachts in hierzu gewählten Alarmhäusern beisammen bleiben musste, um auf einen etwaigen Überfall vorbereitet zu sein. 511

Unsere Kranken mussten alle noch diesen Abend nach Kalisch geschafft werden, wohin es noch einige Meilen war.

Unser ganzes Bataillon hat nun noch an schlagfertigen Mannschaften 154 Grenadiers, ein großer Abstand von der Summe von 600 Mann, als wir doch waren bei dem Einmarsch in Polen.

An Offiziers gingen bis dato ab vom Bataillon:

1 Capitaine v. Wurmb – kommandiert

1 Prem. Leut. v. Häußler – krank im Hospital an Gicht

1 Prem. Leut. v. Zedlitz – blessiert im Hospital

1 Prem. Leut, v. Oelschlegel – kommandiert bei der Equipage

1 Sous Leut. Taucher – nach Sachsen kommandiert

1 Sous Leut. Compass – bei Wolkowysk geblieben

6 Offiziers in Summa 512

Es waren demnach noch im Dienst:

1 Capitaine v. Bose

1 Capitaine v.d. Mosel

1 Capitaine v. Könneritz

1 Prem. Leut. v. Uechteritz

1 Sous Leut. v. Hansch

1 Sous Leut. Böhme

1 Sous Leut. v. Zeschau

1 Sous Leut. v. Einsiedel (verrichtete die Adjutanten Funktion)

1 Sous Leut. v. Naundorff

1 Sous Leut. v. Schlieben

10 Offiziers in Summa

Den 13ten Februar

Schon des Nachts um 2 Uhr mussten wir eiligst marschieren; wir waren nur in der Brigade vereint, und es stieß keine Truppe weiter zu uns; wir kamen gegen 10 Uhr des Morgens in der Gegend von Kalisch, wendeten uns aber links, als 513 wir noch ½ Stunde entfernt waren, und marschierten in das an der Prosna und nächst liegenden Tal gelegenen Dorf Raiskow, wohin unser Bataillon, so wie das ohnlängst wieder formierte Bataillon König, welches freilich nicht stärker als das unsrige war, die Anweisung zur Bequartierung hatte.

Der Hauptmann v.d. Mosel, Hauptmann v. Könneritz und noch einige Kameraden so wie ich, hatten ein Quartier zusammen genommen; jedem ahndete fast, dass unser Aufenthalt nicht lange sein würde, und man suchte einige Bequemlichkeit zu be [514] nutzen und sich auf den nächsten Marsch vorzubereiten; einige von uns, und unter andern der Hauptmann v.d. Mosel gingen nach dem nächstliegenden Kalisch, um nach ihren Wunsche einmal ordentlich zu speisen; gerade in den Mittagsstunden wurde von uns eine Kanonade gehört, man ging heraus aufs Feld – sie wurde immer lebhafter und bald darauf wurde in unserem Dorf Generalmarsch geschlagen. Wir rückten so schnell als möglich aus, sammelten uns in der Brigade, dessen übriger Teil noch in den nächstliegenden Dörfern bequartiert gewesen war und marschierten, Kalisch [515] zur Linken habend, nach der Gegend, wo wir von der Straße in unser Dorf abgegangen waren. Als wir diesen Punkt erreichten, der vom Tal etwas aufwärts ging, sahen wir auf den Fortgang dieser Höhe und auf den so genannten Kamm desselben, welcher ohngefähr noch eine gute ¼ Stunde von uns entfernt war und sich nach Kalisch herein verlief, eine Linie aufmarschiert, die uns, nach dem lebhaften Kanonenfeuer zu beurteilen, welches sie gab, uns den Rücken zeigte. Sie war von bedeutender Länge, die wir nicht übersehen konnten, da wir um vieles tiefer standen.

Wir [516] glaubten es wären polnische Truppen die hier stünden, und auf die in jenen Tale sich postierten Russen feuerten; unser General Major von Sahr ließ demnach nächst die Brigade aufmarschieren, das bei uns habende Geschütz abprotzen, und mochte nun einen weiteren Befehl, zu einer etwaigen Unterstützung dieser vor uns habenden Linie erwarten wollen. Allein nicht lange dauerte es, so wurden wir von dieser Linie beschossen, der General, immer noch in dem Wahn, dass es Polen sind, die uns wahrscheinlich für Russen ansehen, da wir noch die Kapots anhatten, [517] ließ dies Feuer nicht erwidern sondern zog sich bloß in den an der Straße angelegten Allee zurück und schickte nun den im Generalstab angestellten Hauptmann v. Langenau von hier ab, links an den äußeren Häusern von Kalisch, um von dort sich dieser Linie zu nähern, um eine Untersuchung hierüber anzustellen, dieser kam aber nicht wieder, so sehnlichst er erwartet wurde, und war, nachdem wir es später erfuhren, in Gefangenschaft geraten. So standen wir eine lange Weile ohne Rat und Tat, die feindlichen Kanonen waren günstiger weise zu hoch gerichtet, so dass [518] in unsere Linie nur einige einschlugen, der größere Teil ging über uns weg, in das Tal von wo wir eben hergekommen waren und unsere sämtliche Dienerschaft hielt. Hier machten sich erst diese Kugeln durch ihren Ricochett auf jeden Schritt gefährlich, und alles was von diesen erwähnten Dienern Pferde hatte, setzte sich in Karriere in die Flucht, um nach dem Dorfe zurück zu eilen, wo wir hergekommen waren. Eigentlich war dies anfänglich nicht übel und ich war selbst froh darüber, da auch mein Bursche mit dem Pferde dabei war, allein später wäre dies auch bald dazu gekommen, dass sie alle darum von den Kosakenhätten gefangen genommen werden können.

Unterdessen 519 waren die Offiziers von uns, welche in Kalisch gewesen waren, auch wieder zu uns gekommen. Indem nun ein Offizier von der leichten Infanterie mit Plänklern abgeschickt worden war, um die vorstehende Linie zu untersuchen, kam der beim Generalstab angestellte Adjutant v. Fabrice und brachte die Nachricht, dass allerdings die vorstehende Linie der Feind sei, und er beauftragt sei, uns zum Rückzug nach Kalisch zu veranlassen; dieser Adjutant hatte, da der gerade Weg von Kalisch hierher schon von Kosaken besetzt gewesen, einen Umweg machen und durch dies sehr angeschwollene Prosna reiten müssen, um zu uns zu kommen. Bei diesem Durchritt durch diesen Fluss, ver- 520 unglückte sein Pferd und ersäuft, ein Glück für ihn, dass er noch eine Kavallerie-Ordonnanz bei sich gehabt hatte, welche neben ihm geritten, und er durch solchen gerettet worden war, und dass dadurch auch seine Expedition keinen Aufenthalt erhalten, indem er gleich das Kavallerie-Pferd benutzt, war auch ein Glück für uns, die wir außerdem wahrscheinlich in Gefangenschaft gekommen wären.

Es wurde nun von unserer gehabten Front aus dem Feind ein Scheinangriff gegeben, indem einige Bataillone teils in zerstreuter, teils in geschlossener Ordnung auf einige Distanz den Feind entgegen gingen, während ein anderer Teil der Infanterie sich auf 521 der Straße nach

Kalisch fortzog, die Straße von Kosaken reinigte und nun alles Geschütz und Fuhrwesen eiligst dahin sich in Marsch setzte und glücklich noch über die steinerne Brücke, die ein Teil polnischer Infanterie besetzt gehalten, nach Kalisch einmarschierte. Allein der Feind hatte noch rechtzeitig genug unsere Absicht erkannt und zog sich von den erwähnten Bergrücken mit einer Infanterie-Masse nach der Stadt heran und hatte sich dergestalt in der Gegend der Brücke postiert, dass uns der Weg dahin abgeschnitten war. Während dem hatte sich ein Teil des Feindes immerfort mit uns, die wir diesen Schein-Angriff [522] gemacht hatten, beschäftigt. Wir hatten uns immer nach und nach links gezogen, so dass wir in der Nähe der äußeren Häuser der Vorstadt standen; es wurde schon ziemlich finster, als wir immer noch zwischen den Häusern ein Plänkler-Feuer gegen den Feind richteten, und eine Kanone, welche wir noch bei uns hatten, verrichtete bald an diesem, bald an jenem Posten noch wesentlich ihr Kartätschen-Feuer gegen die vorrückenden russischen Plänkler. Endlich wurden wir auch von der Straße, wo wir selbst hergekommen waren, mit einer [523] feindlichen Kolonne bedacht.

Unser Bataillon formierte eine ½ Divisions-Kolonne, es wurde sich mit selbiger auf der Straße gegen der anrückenden Kolonne aufgestellt und so ein Kolonnen-Feuer während eines Rückzuges gegeben, zu beiden Seiten abgefallen und sich hinter der letzten ½ Division wieder aufgestellt, so zogen wir uns dann zurück bis ohnfern der Brücke, wo wir auf einmal eine Linie aufmarschiert sahen, dies sehr ruhig stand. Allein!

nachdem wir es uns recht besehen hatten, fand man wohl, dass uns auch hier der Feind erwartete; ein günstiger Um [524] stand war es nun auch hier, der uns rettete, nämlich, dass mehrere Offiziers von uns diesen Mittag in Kalisch gewesen waren und diesen also das Terrain etwas bekannt war. Es wurde demnach gleich der Entschluss gefasst, sich nach dem nächstliegenden Tal der Prosna zu ziehen, um von dort in die Stadt zu kommen die Möglichkeit zu suchen; also alles was unsere Kolonne ausmachte, das Bataillon Anger, König, das unsrige und 2 Bataillons leichter Infanterie, durchbrachen auf einmal eine Planken-Zaun und so mehrere vor uns habende Impetimente, eilten einen vor uns habenden Berg herunter, dessen schlechter Pfad [525] manchen zum Fallen brachte, über welche die Masse den Weg bahnten, es wurde noch von diesen fliehenden Gemisch alles Gehölz und Bretter mit fortgeschleppt, davon im Augenblick über der nicht so breiten als tiefen Prosna Stege gelegt und so glücklich die Stadt Kalisch erreicht.

Als der Feind unser Unternehmen, über die Planken zu marschieren, gesehen hatte, gab er ein lebhaftes Feuer, allein es war von uns nun solcher Raum gemacht, um nichts weiter damit zu bezwecken zu können, als seine eigenen Leute totzuschießen, denn wir waren hier nun schon von hinten und vorne sehr enge vom Feind [526] eingeschlossen, und man mochte nichts mehr glauben, als uns hier nun so in Beschlag zu nehmen; glücklich waren wir auch diesmal entkommen. Die Brücke war noch von den Polen besetzt und wir marschierten durch die Stadt, auf der entgegengesetzten Seite derselben, wo wir unsere übrigen Truppen fanden, und von unsern braven Herrn General Leutnant von Lecoq mit einem Willkommen empfangen wurden, der uns dann auch einen Platz als Ruhepunkt anweisen ließ.

Bei Mondenschein besah man sich nun wieder, suchte, was sich zerstreut hatte, es erzählte sich jeder seine Fata, beklagte die so 527 man vermisste, und so wechselten Freude und Trauer mit einander ab. Es war ein wichtiger Tag gewesen, in welchen wahrscheinlich ein sämtliches Aufreiben für uns beschlossen war.

Der Feind hatte unsere sämtliche 1ste Division in den Quartieren überfallen, das Infanterie-Regiment Prinz Anton mit 1 Kompanie vom Grenadier-Bataillon von Liebenau mit 6 Kanonen sind gefangen, beinahe wäre es den Infanterie-Regiment Prinz Clemens nicht viel besser ergangen, allein dieses Regiment hat sich unter seinen braven Obersten von Mellentin doch noch sammeln können, und 528 hat sich fechtend zwar mit vielen Verlust und der größten Gefahr, indem es über einen zwar noch mit Eis bedeckten doch an den Ufern schon von Wasser ausgetretenen Arm der Prosna hat gehen und wo es noch hat einige Kanonen vernageln und stehen lassen müssen, das solche das Eis nicht mehrt getragen hatte, doch auch Kalisch erreicht, und wir fanden uns, die wir uns gerettet, nun jetzt wieder zusammen.

Auch die sämtliche Avant-Garde war durch eine feindliche Masse von uns abgeschnitten und da wir in Schlesien, außer der Militärstraße nach Glogau, keinen erlaubten Einlass fanden, so 529 hatte sich, wie wir später erfuhren, der General Major von Gablenz mit dieser

Avant-Garde sowie auch einen Teil der Franzosen, wieder rückwärts marschieren und sich nach Krakau dirigieren müssen, daselbst bei der österreichischen Regierung um Erlaubnis bitten müssen, über einen Teil von Ost-Galizien, Ungarn und Mähren nach Sachsen zurückzukehren, welches denn auch, aber ohne Waffen, erlaubt worden war, darum hatte man müssen die Gewehre auf Wagen laden, auch die Verpflegung in allen Orten nach einer bestimmten Norm bezahlen müssen.

So waren wir demnach alle in augenscheinlicher Gefahr ge 530 wesen, heute in Feindes Hände zu geraten, und wenn dieses gewiss einen jeden eine traurige Aussicht bleibt, so mogte diese, einem gewissen Major v. Trosky von uns wohl noch schrecklicher vorkommen. Dieser hatte nämlich im Laufe unserer jetzigen Kampagne ein sonderbares Ereignis bestehen müssen. Er wurde bei einer Gelegenheit, so mir entfallen, gefangen. Bekannt als ein schöner noch junger und jovialer Mann, hatte er sich auch bei dem russischen General interessant gemacht, der ihn öfters zu sich kommen lässt und darum er auch im Hauptquartier unter einer leichten Aufsicht gesetzt gewesen und eine sehr erträgliche Gefangenschaft genossen 531 hat. Er ist einem Hauptmann übergeben gewesen, welchen später noch zwei wichtige polnische Edelleute, die man als Spione gefangen genommen, zur Bewachung übergeben hat. Sie befanden sich in einem Städtchen ohnfern Brczesc in der Gegend Oltusk, alle liegen des Nachts auf einem Strohlager und wirklich ist Trosky der erste, der des Morgens beim Erwachen entdeckt, dass die beiden Polen nicht mehr zugegen sind, allein er nimmt davon keine Notiz, legt sich auf der anderen Seite und stellt sich schlafend, ob ihm gleich solches nicht mehr möglich gewesen, da er zu vielen Stoff zum Nachdenken über dieses Er 532 ereignis gehabt, aber nicht lange darauf erwacht auch der russische Hauptmann und entdeckt bald seinen Verlust, weckt Trosky'n vom Schlafe, fragt nach diesen beiden Polen, fragt bei der Wacht, lässt in dem Ort herum suchen und alles kann ihm nicht wieder zu seinem Verlust helfen, er ist untröstlich hierüber, endlich wird marschiert und nach Verlauf von einigen Stunden, indem sie sich in einem Wald befinden, macht dieser russische Hauptmann dem Major v. Trosky den Vorschlag, ob sie nicht ein wenig aus dem Wagen steigen und zu Fuße gehen wollten? welches dann auch geschieht; der Hauptmann lässt diesen Wagen immer fort fahren und sie gehen langsam hinterher; 533 als es endlich dahin gekommen, das ihnen der Wagen nicht mehr im Auge gewesen, sagt der Hauptmann zum Major: er wisse, was ihm heute für ein schreckliches Unglück passiert sei, und da ihm die beiden Polen auf die Seele gebunden gewesen wären, so würde er, so wie es bekannt würde, gewiss gleich arretiert und unbedingt kassiert, er könne sich also nicht anders helfen, er müsse zur polnischen Armee übergehen, um daselbst Dienste zu suchen, und stelle es ihm frei, ob er mit zurückkehren wolle.

Er wisse übrigens den Weg hier ganz genau, und sie würden hier bald und ohne Gefahr zu unserer Seite über sein; Trosky lässt sich hierzu bereden, und sie 534 sind zwar auf schlechten sumpfigten Wege, aber doch den andern Tag in unseren Hauptquartier gewesen; hierüber wurden mehrere Parlamentärs an unseren General Reynier gesendet und man verlangte durchaus den Major v. Trosky zurück, der General wollte einige gefangene Offiziers für ihn auswechseln, der Feind nahm keinen selbst vorteilhaften Vorschlag an; Reynier stellte es endlich selbst in den Willen des Major v. Trosky, sich zu dem Feind wieder zu begeben, um ihn ganz seinen Willen zu lassen, Trosky ging natürlich nicht; würde er also bei unsern jetzigen Ereignis und also zum 2ten Male gefangen worden sein, so hätte man ihn wahrscheinlich nach Sibirien trans [535] portiert.

Nachdem wir einige Stunden auf unserm Sammelplatz geruht hatten, marschierten wir in reiner Mondnacht fort und kamen

den 14ten Februar

gegen den Mittag nach Raszkow, wo das Hauptquartier war und das Korps seinen Ruhepunkt nahm; unsere Kompanie kam als Polizeiwacht in diesen Ort; des Abends um 8 Uhr wurde wieder abmarschiert, gingen über Krottoszin und kamen

den 15ten Februar

des Morgens gegen 10 Uhr an das Städtchen Kobielin, wo wir des Abends wieder abmarschierten und

den 16ten Februar

des Morgens über Sarnowa nach [536] Rawitz, ohngefähr in den Mittagsstunden ankamen; dieses war auf dieser Seite die letzte Stadt von Polen und schon sahen wir die Fluren von Schlesien; wir standen auf den Markt dieser Stadt aufmarschiert, es wurde Brot und Branntwein im

Augenblick aus dem Magazin entnommen und an die Mannschaft verteilt, hatten darum einige Stunden Aufenthalt und man träumte sich die Möglichkeit, dass wir vielleicht noch heute hier verbleiben würden; über der Fluss Orla, den wir heute passiert hatten, waren die Brücken abgebrochen und man glaubte sich für der seit Kalisch noch nicht befreit gewesenen Verfolgung des Feindes, we- 537 nigsten auf eine Nacht gesichert, allein kaum freuten wir uns über den schönen Gedanken, so sahen wir auch schon einen russischen Parlamentär daher gefahren kommen, der vor dem Quartier des General Reynier hielt und sich zu selbigen begab; die augenblickliche Folge davon war, dass wir so schnell als möglich und in größter Stille nach mehreren Straßen abmarschieren mussten, um unsere Truppenzahl nicht etwa bemerken zu lassen; wir gingen rechts seitwärts und rückten in die Nähe eines schlesischen Dorfes, wohin wir noch 3 Stunden gehabt hatten, bei schlechten und regnigten Wetter auf den Biwak; des Nachts 12 Uhr brachen wir wieder auf, und ka- 538 men

den 17ten Februar

des Mittags nach Guhrau, einer schon bedeutenden Stadt in Schlesien; immer von 3 zu 3 Stunden musste ein ordentlicher Halt gemacht werden, um unseren Leuten wieder eine Erholung zu geben, denn die Abspannung derselben war schon bedeutend, worüber sich auch nicht zu verwundern war, denn seit 5 Tagen war die Unruhe ununterbrochen gewesen, keine Nacht war uns zur eigentlichen Ruhe vergönnt gewesen, hatten wir einige Stunden Stillstand, so mussten wir auch gewöhnlich durch eine starke Position und bedeutende

Feldwachen für einen augenblicklichen Über- 539 fall uns zu sichern suchen, denn der Feind folgte uns immer in kaum ½ Stunde Entfernung, kein Soldat der Arrier-Garde durfte bei einer Verrichtung sich etwas aufhalten wollen, so war er gleich gefangen und man folgte uns immer auf den Fuße, obgleich alle Brücken über einige zu passierende Flüsse von schon ansehnlicher Größe allemal abgetragen oder verbrannt wurden; ich hatte in diesen Tagen so recht des Nachts mein Leiden gehabt, indem ich mir immer des Schlafes nicht erwehren konnte und müde genug war, um nicht lange zu Fuß gehen zu können und auf dem Pferde aller Augenblicke schlafend, mit dem Herunterfallen kämpfte – eine schlechte Em- 540 pfindung, es war gut, dass ich ein sicheres Pferd hatte.

Hatte uns diese Anstrengung doch nun noch die Hoffnung übrig gelassen, der daher walzenden Übermenge des Feindes zu entgehen und sich vor einer Gefangenschaft zu retten, so musste uns der Mut noch ganz sinken, als wir bei ohngefähr einer Stunde Aufenthalt allhier, wo wir noch Brot und Branntwein erhielten, uns die ganz traurige Nachricht mitgeteilt wurde, dass ein Korps Russen von Posen her im Anmarsch sei; es bleibt uns noch die Hoffnung, dass, wenn wir den so genannten Hundspass, welcher noch 3 Stunden von Glogau liegt, erreichen werden, wir gerettet sind /: dieser Pass liegt 541 an der Oder und ist ein Einschluss von Gebirgen, durch welchen nur ein Weg geht :/. Mit vieler Anstrengung erreichten wir aber heute doch noch glücklich diese Gegend des Hundspasses, wir fanden solche noch von feindlichen

Truppen befreit, unsere Besorgnis war aber durchaus nicht ungegründet gewesen, indem heute von Fraustadt her die Nachricht gekommen, dass in dessen Nähe Russen angekommen wären. Unsere ganze noch bestehende 2te Division ward in dem Dorfe Gurschen einquartiert, welches ohnfern dem Städtchen Schlichtingsheim lag, wo das Hauptquartier und die 1ste Division sowie alle übrige einquartiert ward.

Wir dankten 542 Gott! einmal die Ruhe genießen zu können, ob es gleich mit der Bequemlichkeit nicht bedeutend sein konnte, da wir sehr stark bequartiert waren, es war doch wieder eine Erholung und ein jeder freute sich gewiss darüber und genoss sie wie es möglich war; vorzüglich hatte es heute noch sehr stark geregnet und man war ganz durchnässt. Des Abends entstand noch eine Unruhe und man wollte den Feind in unserer Nähe wissen, allein es war ganz ungegründet und man gab sich alle Mühe, uns die Ruhe gleich wieder zu vergönnen.

Den 18ten Februar

Marschierten wir nach Glogau, wohin wir schon bemerkt, noch 3 Stunden, aber noch einen erschrecklich schlechten und grundlosen Weg hatten, so 543 dass mehrere von unsern Fuhrwesen nur mit größter Mühe und Anstrengung fortgebracht werden konnte, und so von einigen Rüstwagen die Ladung auf andere verteilt, auch zum Teil augenblicklich an die Mannschaft ausgegeben wurde und die Wagen zu jeder Disposition stehen blieben.

Vor der Festung Glogau, die von Franzosen, Bayern und mehreren Verbündeten besetzt war, hielten wir, sammelten uns und es wurde bei einem sehr schrecklichen Morast en Parade durch diese Stadt marschiert; auf der entgegengesetzten Seite erfuhren wir, dass wir noch zwei [544] Stunden weiter bis an das Dorf Stumberg marschieren mussten; wir fanden dahin noch einen so unbeschreiblich schlechten Weg, dass unsere Leute bis an die Waden in den Kot hereinfielen und solche ganz abgespannt den Ort unserer einstweiligen Erholung erlangen konnten; die Versicherung und Aussicht zu einen gewärtigen Ruhepunkt, da wir nun doch hinter einer bedeutenden Festung und einen großen Fluss gestellt waren, ließ noch jeden die letzten Kräfte verschwenden.

Den 19ten Februar

Heute fuhr ich mit einem aus dem Dorfe erhaltenen Wagen nach Glogau, um in unserer mit dem Haupt [545] quartier daselbst zurückgebliebenen Kriegskasse Gebührnisse für das Bataillon zu entnehmen. Auf der Straße sah ich eine schreckliche Menge Requisiten-, Munitions- und Bauerwagen, welche hatten ausgespannt und stehen bleiben müssen, selbst 2 Kanonen hatte man nicht fortbringen können; 31 Stück Pferde zählte ich, welche in Entfernung von 1 ½ Stunden tot auf der Straße lagen, zum Teil so im Morast, dass sie in selbigen wahrscheinlich erstickt sein mussten und man ihre Farbe nicht mehr erkannte, welche sie gehabt hatten, es war ein Greul der Verwüstung zu nennen. Unser General Major v. Lange [546] nau ist heute nach Dresden abgegangen und man vermutet, dass wir uns nach Torgau dirigieren werden; man spricht davon, dass wir morgen schon wieder von hier abmarschieren werden, in dem die Festung Torgau bald geschlossen werden soll.

Den 20ten Februar

Heute schrieb ich an Mutter, Schwager und Schwester, um ihnen unser Näher rücken und mein Wohlbefinden wissen zu lassen.

Die preußische Festung Pillau soll kapituliert haben und die Besatzung in Begleitung eines Offiziers vom russischen Generalstab bis über den Rhein (?) gebracht werden.

Unser Major ist zu einer geheimen Expedition nach Waldau kommandiert abgegangen, und der 547 Major v. Trosky kommandiert einstweilen unser Bataillon.

Den 21ten Februar

Hatten wir noch Ruhe. Die Brigade von Steindel marschierte aber.

Den 22ten Februar

Marschierten wir ab und zwar nur in der Brigade; unser Nachtquartier war in Mielkau.

Den 23ten Februar

Kam unser Bataillon nach Sirus und Zöcklau.

Den 24ten Februar

Heute veränderten wir unsere Marschdirektion, wir glaubten alle, wir würden unsern Marsch über Freystadt und nach Sorau zu nehmen, allein wir machten auf einmal links um und marschierten links seitwärts nach Sprottau zu; unser Bataillon mit den Grenadier-Bataillon 548 Anger und 1 Infanterie Bataillon Prinz Clemens kamen nach Ober und Nieder Ebersdorf, welches 1 Stunde von Sprottau war. Es sollen bei Steinau 500 Kosaken über die Oder gegangen sein, diese haben sich wahrscheinlich von Rawitz her dirigiert; wahrscheinlich wollen sie uns in unsern Rücken beunruhigen, worauf wir nun wohl gefasst sein werden; sie sollen auch wirklich in unserer Nähe sein. Unser König ist mit sämtlicher Familie nach Plauen gegangen.

An demselben Tage als wir die Affäre bei Kalisch gehabt haben, ist auch der Vize-König von Italien geschlagen worden; sein Korps soll noch 11.000 Mann stark sein und er soll sein Haupt 549 quartier nach Berlin und von da schon wieder nach Leipzig verlegt haben. Bei Schwedt soll ein preußischen Korps über die Oder gegangen sein.

In Preußen wird sehr stark rekrutiert und bei Breslau formiert sich eine bedeutende Armee; man sagt sogar, dass es bald an Frankreich eine Kriegs-Erklärung werde ergehen lassen, ob es gleich das Unternehmen des General Yorck auf das schändlichste am Pranger gestellt hat.

Den 25ten Februar

kamen wir nach Girbisdorf

Den 26ten Februar

Es wurde jetzt schon wieder sehr ausgebreitet marschiert und hatte sich das Ganze in mehrere Korps geteilt, die stets von Reynier dirigiert wurden und so lange wie möglich 550 die Deckung der Oberlausitz wahrscheinlich bezwecken sollten.

Wir näherten uns heute der sächsischen Grenze, wenigstens einer Enklave, nämlich der dieser Seite ins Preußische hineingehenden Erdzunge an dessen äußerster Spitze das Städtchen Halbau liegt, welches wir passierten, dann wieder ins Preußische kamen und in dem Städtchen Freiwalde einquartiert wurden.

Der General Leutnant v. Thielmann von uns soll mit 2 Kavallerie-Regimentern sich in unserer Nähe befinden.

Den 27ten Februar

Kamen wir nach Nieder-Nauendorf bei Rothenburg; ich fand bei einem Schulmeister, wo ich einquartiert war, folgende Gedicht: 551

Wanderer
Wer sind denn die bescheidenen Krieger? die dort still vorüber ziehn;

Preußen
Es sind die stolzen Weltbezwinger, die jetzo für den Russen fliehn.

Wanderer
Ach! Das sind wohl die schlimmen Gäste, die Euch den Sommer so gequält?

Preußen
Ja! Es sind die Überreste, die weißlich Flucht vor Tod gewählt!

Wanderer
Wo ist dann jetzt ihr großer Kaiser, der alles was er wollt vollbracht?

Preußen

Er ist gefloh'n; er wurde heiser weil er zu früh sehr viel gelacht. 552

Trio

Es flogen die Adler wohl über den Rhein

Sie flogen in Russlands Wälder hinein

Da zausten die Uhus ihr glänzend Gefieder

Uns schickten sie nackend zu Hause jetzt wieder

Da lachten die übrigen Vögel alle

Und zwitscherten: Hochmut kommt vor dem Falle!

Es ist die Wahrheit dieser Satire nicht zu widerlegen und kann nur zum Staunen reizen, wenn man erwägt, dass in einem Jahr sich nicht alles ergeben kann, von der Höhe zur Tiefe hier sich zu versinnlichen, wenn man alles 553 weiß, wie die Größe bestanden, bleibt allerdings etwas staunenswürdiges; doch! man frohlocke noch nicht so sehr, das Spiel ist noch nicht ausgespielt.

Den 28ten Februar

Unser Marsch ging heute über Lieske nach Groß-Radisch, wo wir bequartiert wurden und wo der jetzt verabschiedete Oberste von Tettenborn ein Gut hatte.

Unser König soll sich in einer gegebenen Proklamation für das System Frankreichs erklärt haben.

Das wir wirklich nun in unser Vaterland zurück gekehrt, glaubt man noch nicht, wenigstens kann man nicht mit dem Frohsinn einer sonstigen Wiederkehr umgeben sein, da mit unserer Rückkehr auch der Feind eintrifft!

Gott weiß es, 554 was uns alles noch hier beschieden sein wird.

Den 1sten März

Rückte sowohl unser Korps als auch die französische Division Durutte in Bautzen ein; die Tore wurden stark besetzt und wir betrachteten diese Stadt im Augenblick als eine kleine Festung, für welche sie auch in einem schnellen Angriff gelten konnte.

555 – 564 [2]

Den 2ten März

Wir mussten des Morgens um 6 Uhr unter das Gewehr treten und uns auf unsere vorgeschriebenen Posten verteilen, wie es in einer genommenen festen Position gewöhnlich beobachtet wird. Allenthalben wollte man wissen, dass wir heute noch marschieren würden, allein es war nicht gegründet. Ich kam heute auf die Wache unter das Reichentor. Auch sah ich heute den in seinen Spätjahren sich zum 565 Militärdienst erst entschlossenen, den Adel sich erkauften und bis jetzt zum Sous Leutnant avancierten, gewesenen Kaufmann Q.....

Den 3ten März

Es war heute ein schöner Tag, wir blieben noch in Ruhe und ich ging des Nachmittags um die Stadt herum

---

[2] Auf diesen Seiten gibt Böhme die Rede wieder, die Napoleon am 14.02.1813 vor den Deputierten der gesetzgebenden Kammer gehalten hat. Im weiteren Verlauf der Aufzeichnungen wird auf diese Rede kein Bezug genommen, so dass auf eine Wiedergabe in diesem Rahmen verzichtet wird.

spazieren und besah mir die schöne Gegend, die um selbige angetroffen wird.

Eine Aushebung junger Mannschaften für die Armee ist jetzt in Ausführung, sie soll sehr beträchtlich sein.

Den 4ten März

Der General Major von Langenau ist wieder bei uns angekommen, aber auch des Abends wieder abgereist, man sagt, er soll nach Berlin zum Vize-König von Ita 566 lien abgegangen sein. Die Stadt Luckau in der Niederlausitz ist noch von 3.000 Mann bayrischer Truppen besetzt.

Den 5ten März

Nach einer Bekanntmachung an der Armee ist der General Leutnant von Zeschau zum Kommandant der Festung Königstein und der General Leutnant von Lecoq zum Kommandant der Festung Torgau ernannt worden. Alle unsere Anstalten und Vorkehrungen müssen uns die Vermutung geben, dass das sächsische Korps zur Besatzung von Torgau bestimmt sei.

Den 6ten März

Ich erhielt des Morgens einen Brief von meinem Schwager.

Des Mittags marschierten wir von 567 Bautzen und nach Bischofswerda, wohin nächst dem Hauptquartier auch unser Bataillon bequartiert wurde.

Den 7ten März

Das Hauptquartier rückte heute in Dresden ein, die Parteien in der Umgegend; unser Bataillon hatte Quartier in Cunnersdorf.

Den 8ten März

Unser sächsisches Korps vereinigte sich ohnfern des Wilden Mannes und marschierte nach Dresden ein.

Noch vor Ankunft daselbst, hatte ich die innige Freude meinen Schwager zu umarmen. Wir wurden sämtlich in Neustadt einquartiert und ich erhielt mit dem Premier Leutnant v. Uechteritz von unserm Bataillon ein Quartier zusammen bei der Witwe eines gewesenen Ingenieur 568 Capitaines.

Mein Schwager verließ mich nicht und ich musste ihn mit in seine Behausung folgen und wir verlebten diesen Tag noch recht vergnügt zusammen.

Den 9ten März

Neustadt wurde mit seinen wenigen Resten der Festungswerke benutzt und alle Wachen stark besetzt, doch hatten wir hier noch nichts vom Feinde gespürt.

Das Hauptquartier des Vize-Königs von Italien ist in Leipzig, Berlin wurde schon am 4ten dieses geräumt und am 5ten von den russischen Fürst Repnin besetzt.

Thorn wurde bereits am 12ten Febr. durch den russischen General Langeron berannt, der Admiral Tschitschakow soll Kränklichkeit halber seinen Oberbefehl an den General Barclay de Tolly übergeben haben.

Der franz. General Rapp hat am 7ten dieses mit 15.000 Mann einen Ausfall aus Danzig mit günstigem Erfolg gemacht.

Am 25ten Febr. wurde die Festung Zamosc von den Russen berannt.

Danzig soll 50.000 Mann Besatzung und einen Proviant an Brot auf 820 Tage haben.

Zu Thorn stehen unter dem General Poitevin 4.000 Bayern und 1.500 Franzosen.

Zu Modlin befehligt der General Daendels 1.000 Sachsen eben so viel Franzosen und Polen.

Zu Stettin befehligt General Grandeau 9.000 Franzosen; Küstrin ist mit 3.000 Mann unter dem General Fournier d'Albe besetzt; zu Glogau stehen 6.000 Mann vom General Laplanc befehligt und Spandau wird mit 3.000 Mann vom General Bruno bewacht.

Wittenberg ist im Verteidigungsstand ge- 570 setzt und zu Torgau steht General Thielmann mit 6.000 Sachsen.

Den 10ten März

Der Kaiser Napoleon hatte an den Vize-König von Italien die Bestimmung gegeben, aufs längste und äußerste den Elbestrom zu verteidigen; mit diesem System war also auch der General Graf Reynier bekannt gemacht worden und wahrscheinlich mogte derselbe auch den Befehl erhalten haben bei dem notwendigen Fall, dass Neustadt dem Feind überlassen werden müsse, den Übergang über den Fluss zu hemmen und also einen Teil der Brücke zu sprengen.

Es wurde demnach diesen Nachmittag in Auftrag eines Ingenieur-Offiziers von uns der Anfang gemacht, eine Mine auf der 571 Brücke zu legen, welches in den letzten Pfeiler nach Altstadt zu geschehen sollte. Es wird von französischen Mineurs und Bergleuten von uns das Pflaster aufgerissen, allein eine Menge Volk versammelt sich, man insultiert die als Bedeckung dabei gewesene französische Infanteristen und die Unruhe wird so bedeutend, dass ein Auflauf in allen Straßen entsteht, vorzüglich der Altstadt; es wurde allenthalben General-marsch geschlagen, die Truppen versammelten sich und von uns die wir jetzt sämtlich in Neustadt standen, wurden einige Bataillone nach Altstadt gesendet, um die Wachen zu verstärken und die Straßen ab zu patrouillieren. 572 Der meiste Auflauf der Volkes war vor der bekannten Porzellan-Niederlage, in dessen obern Zimmern der General Reynier logierte; hier zog das Volk tumultartig entweder nach dem Jüdenhofe oder nach der Brücke und ließ den König und unser ganzes Militär hochleben, brachten aber ein Pereat dem General Reynier und allen Franzosen; sogar wurde in den spätern Abendstunden dem General Reynier in die Fenster geworfen, eine Behandlung die wohl allerdings zu hart für diesen Mann war, denn das verdiente er nicht, er würde trotz des an ihn ergangenen Befehls die Brücke dieserhalb gewiss nicht haben sprengen lassen, wie sie später doch immer 573 gesprengt wurde und hätte es wahrscheinlich so zu machen gewusst – dass Dresden mit Kapitulation übergeben worden wäre.

Auch unsere Kompanie war mit zu den Patrouillen in den Straßen bestimmt gewesen; wir zogen, so breit als die

Straßen waren, das Volk wich vor uns, wenn wir in dessen Nähe waren, bezeigte uns alle Freundlichkeit, allein gleich hinter uns schloss sich der Haufe bald wieder zusammen und verübte alle früheren Ungezogenheiten; und so hatten wir nur die Straße auf und nieder zu gehen, was allerdings nicht viel half, denn sie sahen wohl, dass man nicht ernstlich gegen sie verfuhr; wir mussten die ganze Nacht in der 574 Nähe des Quartiers von Reynier bleiben.

Den 11ten März

Die Stelle, wo die Miene gelegt werden sollte, war mit einer starken Wache besetzt, allein man hatte alle Arbeiten eingestellt. Es war heute wohl noch alles zum Aufstand gereizt, doch vielen keine weitern Tätigkeiten vor; die Wachen blieben noch verstärkt.

Den 12ten März

Die Kosaken sind heute an den Außenposten von Neustadt angekommen und flankieren herum; sie teilten Proklamationen aus, die alles Heil verkündigten – politische Phrasen – ein schönes Aushängeschild, welches so recht zur Tages-Ordnung manchen Korps-Kommandanten wurde, 575 die bei Fertigung dessen, die Worte nicht auf die Goldwaage gelegt hatten, denn – sie waren leer. - - -

Man hatte von feindlicher Seite einen Dragoner von uns gefangen genommen und selbigen, mit Proklamationen versehen, uns großmütigst zurückgeschickt.

Der Marschall Davout soll morgen mit eine Korps von 10.000 Mann Franzosen hier ankommen.

Mein Freund, der jetzt mit mir zusammen gewohnte Premier Leutnant v. Uechteritz war seit einigen Tagen so krank geworden, dass wir genötigt waren, ihn heute in das von Alt-Stadt ohnfern des Zeughauses angelegte [576] Hospital für Offiziers schaffen zu lassen, wo er auch zu unserer aller Mitleid, nach einigen Tagen gestorben war.

Den 13ten März

Heute zogen sich die hin und wieder herumstreifenden Kosaken wieder zurück; auch kam in den Mittagsstunden das Davout'sche Korps, freilich nicht in der Anzahl, wie es gestern beschrieben, hier an, sie verteilten sich in Alt- und Neustadt, gegen 5 Bataillons und 17 Kanonen blieben in letztern Teile der Stadt. Unser Korps musste bei diesem Einrücken die Neustadt verlassen und wir besetzten die Pirnaische Vorstadt; unser Bataillon mit einer Batterie Artillerie wurde heraus auf [577] das Dorf Gruna verlegt, um wahrscheinlich die Beobachtung des Feindes an dieser Seite der Stadt gegen die Elbe zu bewahren.

In Meißen, wo bayrische Truppen stehen, ist in voriger Nacht das schönste Altertum, die Brücke, abgebrannt worden.

Die Brigade Liebenau, welche aus der Leib-Kürassier-Garde und Zastrow Kürassiers bestehet, ist gestern von hier abmarschiert und hat ihren Marsch nach Freiberg genommen, sie hat sich demnach wieder von uns getrennt und diese Regimenter mit der Leib-Grenadier-Garde sind nach Plauen gerückt und später dem König nach Prag gefolgt.

Den 14ten März

War ich in Dresden und besuchte mei- 578 nen Schwager und Schwester.

Man war in banger Erwartung in Dresden wegen der nun wohl unbedingten Ausführung, mit Sprengung einiger Pfeiler der Brücke, die in diesen Tagen wohl erfolgen wird und darum der rachgierige und rücksichtslose Davout sein Teufels-Prinzip hier sehen lassen kann.

Den 15ten März

Es wurde heute ein starkes Kommando von unsern Korps verlangt, welches im Verein einiger französischer Truppen eine Rekognoszierung über Königsbrück vor machen sollte; auch ich war mit hierzu kommandiert (Anm. es waren 600 Franzosen und 4 Geschütze der reitenden Artillerie, und von den Sachsen 226 Infanterie unter dem Major Anger und 114 Pferde unter dem Major von Berge hierzu gegeben); wir gingen des Morgens 5 Uhr von Dresden ab über Klotzsche, Lauscha nach Hermsdorf; die Kosaken wa- 579 ren noch diesen Morgen in Lauscha geworfen, allein wir sahen nur noch in weiter Entfernung von Hermsdorf mehrere Kosaken-Pulks, und kehrten des Nachmittags gegen 5 Uhr nach Dresden zurück.

Den 16ten März

Heute war ich wieder in Dresden und blieb daselbst.

Den 17ten März

Die beiden Kompanien des rechten Flügels unseres Bataillons verlassen Gruna und werden mit der Hälfte der Artillerie nach Striessen verlegt.

Wegen Mangel an Offiziers wurde ich einstweilen zur 4ten Division versetzt. Eine Gesellschaft hatte ein Dinée auf der grünen Wiese veranstaltet, wo ich auch mit teilnahm und wir recht vergnügt zusammen waren; auch besuchte 580 mich später mein Schwager in Gruna.

Den 18ten März

Verlebte ich in Ruhe in Gruna.

Den 19ten März

Wir mussten nach einen ergangenen Befehl diesen Morgen nach Dresden marschieren; noch ehe wir dahin kamen und ohngefähr gegen 9 Uhr hörten wir das fürchterliche Getöse, welches die so schöne Zierde Dresdens, die Brücke, zerstörte. Wir waren sehr erwartungsvoll, wie sich Dresdens Einwohner benahmen und wie die Zerstörung vorgefallen. Unser Einmarsch in Dresden erfolgte bald darauf, alles ging traurig einher, der Usurpation verwünschend, die öfters laut ausgesprochen wurde. Wir sahen auch selbst bald und gewiss mit traurigem Gefühl den entstandene Rui- 581 ne; man hatte in der Nacht zuvor die Mine gelegt, die ganze Explosion war unterwärts dirigiert worden, welches mit vieler Kunst bearbeitet worden war und so hatte es weder denen nebenstehenden Pfeilern, noch einem nebenstehenden Gebäude geschadet; die Kraft hatte sich in die Tiefe gewendet und so waren zwei

Bogen in die Elbe gestürzt und wie abgeschnitten fehlte nun ein Pfeiler.

Davout marschierte heute mit seinem Korps wieder ab und nach Meißen zu – froh – dass er nun sein Bubenstück vollendet und seine Rache an dem König von Sachsen verübt, der ihm seine im Herzogtum Warschau gelegenen Domänen-Güter nicht abgekauft, wie er es gewünscht.

Ich kam heute auf die Wache.

In Neustadt steht noch ein Detache- 582 ment von 60 Mann von uns als Observation; diese müssen beim Anrücken des Feindes sich über die Elbe fahren lassen.

Wir wurden in Dresden bequartiert und ich bekam nebst einigen Kameraden ein Quartier auf der Post.

Den 20ten März

Heute wurde von Neustadt der Andrang des Feindes gemeldet, er ließ sich noch von denen hinter den Palisaden sich verteilten 60 Mann abhalten.

Unser kleines Korps erhält heute eine andere Formierung; da bei den mehrsten Parteien nach Verhältnis zu viele Offiziere waren, sie wurden weggenommen, Bataillone vereinigt und die sich hieraus ergebende Überzahl, als so genannte Kader gehen nach Torgau, wohin nach erhalte- 583 nen Nachrichten kein bewaffneter Franzose kommen darf.

Am 5ten dieses sollen 50.000 Mann Russen durch Berlin gegangen sein und sich nach Magdeburg dirigieren.

Die Besatzung von Torgau soll 7.000 Mann stark sein.

Eine ergangene Rücksichtslosigkeit eines Stabs-Offiziers gegen mich, hatte mein Gefühl, da sie so öffentlich das Gepräge der Parteilichkeit und der blinden Hitze enthielt, so empört, dass ich durch Überladung der Galle die Gelbsucht erhielt und heute das Bett nicht verlassen konnte.

Den 21ten März

Heute in den Nachmittagsstunden wurde auf einmal Generalmarsch 584 geschlagen; die sämtlichen sächsischen Truppen versammelten sich auf dem Neumarkt, als den ihnen angegebenen Sammelplatz; es war gerade Sonntag und die Einwohner, statt in die Kirche zu gehen, versammelten sich bei uns, um unsere Bestimmung abzuwarten; auch ich, trotz meiner Krankheit, blieb bei den sich en Colonne aufgestellten Truppen, welche man die Gewehre ansetzen ließ.

Man blieb lange in Ungewissheit, welches wohl der Zweck unserer Versammlung sei bis endlich später die Mitteilung im Stillen herumging, dass heute eine Estaffette angekommen, welche die Bestimmung von unsern König überbracht, dass der Herr General Leutnant von Lecoq das Kommando der Truppen einzig und 585 allein übernehmen soll und sich dergestalt von den französischen Truppen trennen, dass er sich mit den Truppen nach Torgau bewege.

Auch war ein russischer Parlamentär angekommen und es war diesen Nachmittag, wie wir später erfuhren, eine Kapitulation für Dresden abgeschlossen worden, nach welcher die Russen den künftigen Tag die Stadt in Besitz nehmen sollten, also solange hatte die schändliche Vernichtung der schönen Brücke uns nützen sollen!!!!

Wir blieben den ganzen Nachmittag auf dem Markt stehen und meine Verwandten wollten es durchaus nicht zulassen, dass ich Dresden verlassen sollte; indem ich noch sehr bedeutend krank war, 586 allein mich einer Gefangenschaft und wohl gar einer Entbindung meiner Dienstpflicht mir auszusetzen, konnte ich mich nicht entschließen, es mogte auch werden wie es wollte.

Des Abends um 9 Uhr marschierten wir in aller Stille aus Dresden und zwar zum Pirnaischen Tor heraus, um keine weitere Berührung mit den Franzosen zu haben, die wir heute nicht gesehen hatten; wir nahmen unsere Richtung nach Wilsdruff, all wo wir

den 22ten März

des Morgens ankamen; wir hatten bei unsern gestrigen Marsch die russischen Wachtfeuer längs der Radeburger Heide so recht übersehen können.

Die Franzosen hatte heute auch 587 Dresden verlassen und der General Reynier hatte sich nach angeblicher Krankheit nun auch von der Division Durutte getrennt; er privatisiert so nach jetzt und man sagt, er sei ins Vogtland gegangen. Unser Nachtquartier war heute das Dorf Kohbeln. – Meine Gelbsucht hatte mich noch nicht verlassen, vielmehr war es noch sehr bedeutend; ich sah wie eine Zitrone im Gesicht, scheute jedoch keine Luft, befand mich übrigens schlecht, konnte fast gar nichts genießen und man warnte mich sehr, solches nicht mit solcher Leichtigkeit zu behandeln.

Den 23ten März

Wir marschierten heute durch Meißen, wo wir bayrische Truppen 588 fanden.

Unser Bestimmung ging dahin, das linke Elbufer von Meißen bis Belgern besetzt zu halten; unser Bataillon erhielt demnach zum Kantonierungs-Quartier die Orte Boritz, Riesa, Goera und Opitz, welchen letzten Ort ich mit einem Detachement von 2 Unteroffizieren und 30 Mann besetzte.

Kosaken und russische Jäger hatten das entgegengesetzte Ufer ebenfalls besetzt; sie schienen gegen uns sehr freundschaftlich zu sein, gaben auf uns kein Feuer und ließen uns an jedem Ufer ruhig ziehen; Die Begünstigung wurde den bayrischen Truppen zu der Zeit nicht gewährt, auf die sie feuerten, so wie sie solche in Schussweite hatten.

589 Den 24ten März

Ich musste des Nachmittags mit meinem Detachement das gestern bezogene Dorf Opitz verlassen, um mich mit einem andern Detachement, welches der Sousleutnant von Einsiedel kommandiert hatte, vereinigen, wobei ich ein recht hübsches Quartier erhielt.

Immer war ich noch krank.

Den 25ten März

mussten wir früh ½ 7 Uhr abmarschieren, gingen über Strehla, welches mir eine Reminiszenz aus meinen Fahnjunkerzeiten gab, und das Bataillon erhielt folgende

Orte als: Aussig, Seidlitz, Großstaritz und noch einige Dörfer zu Kantonierungsquartieren angewiesen.

Nach einem vom Herrn General Leutnant [590] v. Lecoq ergangenen Befehl solle auf den Russen nicht gefeuert werden.

Aller Wahrscheinlichkeit nach werden wir bald in die Festung Torgau rücken; in dortiger Gegend soll es sehr teuer sein.

Man sagt, dass in Hamburg 50.000 Russen eingerückt wären, welches sich aber nicht bestätigte.

Bei Pirna sollen die Russen über die Elbe gegangen sein.

Den 26ten März

Eine Frankfurter Zeitung meldet, dass so eine ungeheure Anzahl französischer Truppen noch nie über den Rhein gegangen wären, als diesmal.

Ein russisches Korps ist bei Muschwitz über die Elbe gegangen, welches nicht weit von unsern Kantonierungs Quartieren [591] ist. Wir stehen seit den Mittag unter Gewehr und marschierten des Nachmittags um 5 Uhr ab, über Belgern nach den 1 Stunde von Torgau gelegenen Dorf Zinna, wo wir des Abends 10 Uhr erst ankamen; sonderbar wurden wir hier zu manchen Betrachtungen geführt, über das, was alles in der Zeit vorgefallen war, seit wir 1811 von hier fort und in die Niederlausitz marschiert waren.

Unsere Mannschaften erhielten heute noch neue Bekleidung. Auch erschien der Befehl, dass den Offiziers in der Festung keine Ration verabreicht würde; wir verlieren also nun von Dato an solche.

592 Den 27ten März

Diesen Morgen marschierten wir en Parade in Torgau ein; die darinnen stehenden Truppen standen von Tore an, bis am Markt in einer Chaine aufmarschiert; der General Leutnant v. Thielmann unter dessen Kommando wir von nun an kamen, bewillkommnete und, und der gewiss von uns allen so innigst und herzlichst geliebte General Leutnant v. Lecoq verließ uns leider /: er ging zum König nach Regensburg :/ er schenkte uns zwar noch Trostworte bei seinen uns verehrten Abschied, allein es blieb uns seine Trennung stets schmerzlich und – seine Abwesenheit – ersetzte sich nicht, schadete uns vielmehr.

Ein russischer Parlamentär war auch heute angekommen, was er 593 eigentlich gebracht, erfuhr man nicht; eine Proklamation für die – gute Sache – wurde bekannt.

Den 28ten März

Es kam uns sehr sonderbar vor, nun so in bedeutender Masse sich jetzt kommandiert zu befinden; die Besatzung war nun doch gewiss mehr als 10.000 Mann stark; die Mannschaften lagen größtenteils in den Kasernen, die Offiziers überhaupt in Privathäusern; es war gewöhnlich eine Unruhe die an andern Orten selten getroffen werden kann; es waren die neuen Rekruten-Bataillons, die in unaufhörlichen Übungen erhalten wurden, die Festung wurde von mehreren Orten her verproviantiert, 594 auch selbst noch für ihre Ausrüstung gesorgt, alles dieses gab immer ein Regen und Weben, ein Trommeln und Marschieren, ein Fahren und Reiten in den Straßen, dass man öfters nicht sichern Trittes hatte. Man war bei dem froh, dass man sich einmal als selbstständig betrachten konnte, weder ein Russe noch ein Franzose kamen in unsere Nähe, und man sah keinen von beiden; - wie lange wir nun in solchen Verhältnissen bleiben werden. – Man sagt, dass das sich in Dresden von uns getrennte Durutte'sche Korps, von den Russen in der Gegend von Herzogswalde, schon abgeschnitten worden sei.

Den 30ten März

Die Truppen erhielten heute zum 595 Teil abermals eine andere Formierung, so wurde z.B. von denen 4 Grena-dier-Bataillons nur 1 Grenadier-Bataillon formiert, welches der Major Anger kommandierte; es wurden überdies 9 Linien-Bataillons formiert. – Ich kam diesen Nachmittag 4 Uhr auf Feldwacht, in eine neu angelegte Redoute an der Leipziger Straße.

Den 31ten März

Alle Wirtschafts-Offiziere wurden heute zum Intendanten gerufen, bei welchem unter mehreren Gegenständen, auch die Forderung bemerkt war, alle rückständigen Rechnungen ehebaldigst abzulegen.

596 Den 1sten April

Kam ich auf die Wacht ins Leipziger Tor, ein Dienst welcher hier sehr schwer war, denn alle übrigen Tore wurden nicht mehr geöffnet, bloß dieses ward noch geöffnet für alle Aus und Einpassierenden, und man durfte insofern seine Aufmerksamkeit keinen Augenblick verwenden, um alles zu beobachten, auf was hier so streng gehalten werden sollte.

Mein Freund, der Leutnant von Einsiedel hatte mir den freundschaftlichen Antrag gemacht, mein Pferd mit nach Gnandstein, zu seinen Bruder, zu schicken, wo es mir frei mit ausgefüttert werden sollte, ich nahm dieses Anerbieten an, da das Futter 597 hier so teuer wurde; später verkaufte ich es auch an diesen Ort.

Den 2ten April

In Dresden soll man den russischen und preußischen Offiziers einen Ball gegeben haben; --- --- es lässt sich nun vermuten, dass das linke Elbufer bald überall von diesen Truppen überschritten wird.

Ein gewisser Leutnant Buchheim von der leichten Infanterie, welcher Familien-Angelegenheiten halber und ohne Erlaubnis in ein ohnfern Torgau liegendes Dorf gegangen war, war mittelst eines russischen Parlamentärs zurück begleitet worden, --- der General v. Thielmann mogte hierzu keine freundlichen Willkommen gegeben haben.

598 Den 3ten April

Der Leutnant v. Buttlar von der leichten Infanterie ist mit 2 Führern und einigen Mannschaften kommandiert worden, eine Partie Heu ----- herbei zu schaffen; er ist auf den rechten Elbufer gefangen genommen worden, -- etwas --- was ihn gewiss nichts schaden wird, er wird gewiss bald wieder seine Freiheit erhalten, da doch die Führer dahin gekommen waren, wo sie wahrscheinlich hinkommen sollten; --- auch ist ihr Nutzen unverkennbar gewesen, denn nachdem was man erfahren, sind nun die Russen, mit diesen zum Heu abholen bestimmt gewesenen zwei Führern, richtig bei Jessen über die Elbe gesetzt wor- 599 den. –

Nach allen, was man weiß, hat der General Leutnant von Thielmann die Bestimmung von Sr Majestät dem König erhalten, sich mit der Besatzung --- neutral --- zu verhalten; das Thielmann kein so französisch gesinnter mehr sein kann, so wie er es zum Extrem gewesen, lassen schon mehrere seiner Handlungen verraten.

Es wird in einer preußischen Proklamation bekannt gemacht, dass der Cottbuser Kreis von den Preußen wieder in Besitz genommen worden ist.

Am heutigen ganzen Tage ist Probeschießen bei der Artillerie, darum Jedermann in der Gegend des bekannten 600 großen Teiches zu gehen, verboten.

Den 4ten April

Heute war große Revue vor dem General Leutnant v. Thielmann, auf dem Markt.

Den 5ten April

Heute wurde ich mit einigen Mannschaften und gegen 60 Wagen nach Wildenhain kommandiert, um daselbst Bauholz für die Festung abzuholen; gedachter Ort lag in mehr als der Hälfte des Wegen nach Eilenburg; es begegnete mir bei meiner Rückkehr eine russische Husaren Patrouille, allein sie wich mir aus und ich langte des Abends 6 Uhr mit diesen Bedürfnissen in Torgau an.

Den 6ten April

Ein schon lange empfundenes Ü- 601 belbefinden an den erfrorenen Teilen meiner Füße, die ohnedem durch die Blessuren nicht viel tragen, mogte es notwendig einige Zeit die Stube zu hüten, und mich krank melden zu lassen, auch einen Arzt anzunehmen; wobei ich daran das Unangenehme weniger verspürte, da mir nun die Zeit wurde, meine von 8 verflossenen Monaten noch abzulegenden Rechnungen fertigen zu können.

Den 7ten April

Man hat die traurige Nachricht, dass am 3ten dieses unser Regiment Prinz Maximilian, unter Kommando des Generals Morand bei Lüneburg eine wichtige Affä- 602 re bestanden , und nach vielen Verlust mit noch mehreren französischen Truppen gefangen genommen worden; der englische General Dörenberg in Vereinigung mit den russischen General Czernitscheff haben Morand geschlagen, welcher dabei getötet wurde.

Am 3ten dieses traf zu Zwickau das preußische Husaren Regiment Brandenburg ein, und Tages darauf folgten 50 Kosaken.

Am 28ten März traf unser König in Hof ein, und setzte seine Reise nach Prag weiter fort.

Die französischen Truppen strömen nach allen Nachrichten in Massen wieder herbei.

Der Kurfürst von Hessen ist von 603 Prag nach Breslau gegangen.

Am 1sten April sind die Russen in Leipzig eingerückt.

Am 17ten März zog das Yorcksche Korps in Berlin ein, also ist der geächtete General wieder zu Gnaden angenommen.

Nach einer mit Thielmann zwischen den fremden Truppen erlassenen Konvention, ist die Schiffahrt auf der Elbe, jedem --- erlaubt.

Einer Menge Pontons von uns werden nach Mühlberg geschafft, wahrscheinlich um den Russen eine Brücke bauen zu lassen.

Die Österreicher sollen in Italien [604] eingerückt sein.

Man errichtet an der Nieder-Elbe eine Nord-Legion, wobei sehr viele in unsern Diensten gestandene Offiziers sich haben anstellen lassen.

Den 10ten April

Der Marschall Davout soll nach einer Sage gefangen genommen worden sein; allein statt dessen hat er Lüneburg wieder in Besitz genommen, und wird wahrscheinlich an diesem Elb-Strande dem Feind noch viel zu schaffen machen.

Die Franzosen haben die Vorstädte von Wittenberg abgebrannt, sich übrigens so befestigt, dass es eine schwierige Belagerung geben wird.

Der Vize-König von Italien soll bei Erfurt geschlagen worden sein.

[605] In Leipzig errichtet man ein Bataillon, der Rache, genannt.

Den 11ten April

Mein tägliches Streben ist jetzt nur in unaufhörlichen Geschäften gewebt, und meine auswärtige Korrespondenz, die mir darum nötig wird, so wie die Berechnung so bedeutender Summen, lassen mich in unaufhörlicher Beschäftigung, und mir keine Stunde des Tages übrig; übrigens befinde ich mich an meinen Füßen noch nicht recht wohl, und bin darum in aller Hinsicht auf meine Stube reduziert. Da das gewöhnliche Leben nicht bedeutendes erhält, so übergehe ich die Tage, an welchen ich nichts wichtiges zu sagen weiß; sagen --- kann man zwar viel in dieser jetzigen so erwartungs- [606] vollen Zeit, allein man weiß nicht, soll man sich zu der einen oder zu andern Partei schlagen, und darum --- wohl dem, den ein persönlicher Einfluss entzogen ist.

Den 21ten April

Heute wurde der preußische General Leutnant von Kleist, dessen Armee-Korps in der Nähe steht, von den General Leutnant von Thielmann frei in der Festung herum geführt.

Wittenberg soll beschossen werden, und unser General überlässt zu dessen Behuf --- den Preußen --- eine Partie von unsern schweren Geschütz, welches in diesen Tagen eingeschifft wurde.

Den 24ten April

Der russische Graf von Wittgen- [607] stein hat am 18ten dieses die Beschießung und Eroberung der Stadt Wittenberg befohlen; --- das Beschießen hat wenig gefruchtet; später versuchte man die Brücke abzubrennen, was aber auch als ein militärisches Problem betrachtet wurde.

Laut eines preußischen Armee-Berichts, hat die Besatzung der Festung Spandau kapituliert.

Den 25ten April

In diesen Tagen soll ein Teil der französischen Armee , bei Jena, Dornburg pp. über die Saale gegangen sein.

Den 2ten Mai

Schon seit gestern hören wir eine ununterbrochene Kanonade; nach denen erhaltenen Nachrichten hiervon, ist eine Schlacht in der Leipziger Gegend vorgefallen.

608 Die Festung Thorn soll sich am 16ten April den Russen ergeben haben.

Die polnischen Truppen sind mittelst Konvention unter Kommando des Fürsten Ponaitowski auch über Krakau nach Brünn in Mähren gegangen, nämlich so wie unsere Avant-Garde, ohne Waffen.

Den 3ten Mai

Die vorgefallene Schlacht, ist auf den Ebenen von Lützen gewesen; die Franzosen haben abermals gesiegt, alle russischen und preußischen Truppen eilen nun wieder, um über die Elbe zu kommen; französischer Seite ist der Verlust 10.000 Mann, der preußische Schlachtbericht setzt ihn auf 15.000 Mann. Die Franzosen rechnen den Verlust der Alliierten auf 25 bis 30tausend; man schätzte die russischen und preußischen Streitkräfte auf 150 bis 200 tausend Mann.

Den 9ten Mai

Des Nachmittags ist der Kaiser Napoleon mit der Armee, nach einigen Widerstand der russischen Truppen, zu Dresden eingerückt, und hat seinen Aufenthalt im Schlosse genommen; Kuriere so von dort, als auch nach der Schlacht von Lützen an unsern König abgegangen, enthalten die Einladung sich unbedingt in Dresden einzufinden; zum 11ten traf demnach unser König in Dresden ein.

In unserer Festung wurde es in diesen Tagen sehr unruhig, die Posten wurden verstärkt, bei 610 dem Geschütz die brennende Lunte geführt, und alles zur Verteidigung in Bereitschaft gesetzt. Wer unser Feind sein sollte, --- wussten wir bereits noch nicht.

Den 10ten Mai

Wir sahen heute auf den Anhöhen von Süptitz und Zinna die französischen Truppen aufmarschieren, in der Erwartung, was nun kommen würde; --- der General Leutnant v. Thielmann hatte mit den an unsern Außenposten angekommenen General Graf Reynier eine lange Unterredung gehabt.

Diesen Nachmittag um 4 Uhr hatte ein Kurier von unsern König angekommen, an den General Leutnant v. Thiel-mann, den Befehl überbracht, den Franzosen die Festung zu öffnen, und den Durch- 611 marsch zu gestatten. Alles wurde zu den Waffen gerufen, alle Stabs Offiziere forderte der General, erklärte ihnen, dass er die Truppen nicht mehr kommandieren könne und die Festung verlassen werde; --- die Truppen blieben die ganze Nacht unter dem Gewehr, in einer Stimmung, die mannigfaltig und in dieser ungewissen Erwartung --- schrecklich war; des Abends um 10 Uhr verließ der General Leutnant v. Thielmann mit dem Chef des Generalstabes, den Obersten Aster, in einen Wagen die Festung, und ging auf das rechte Ufer der Elbe.

Den 11ten Mai

Des Morgens wurden den Franzosen die Tore geöffnet; der Marsch 612 der Franzosen durch die Stadt ging den ganzen Tag in solcher Breite, als die Straßen es nur zuließen, Kolonne drängte sich an Kolonne und das Geschütz füllte die Intervallen, nur wenige Kavallerie sah man.

Der General Reynier stellte sich wieder bei uns ein, und unsere Truppen hatten diesen Morgen eine Revue vor ihm, auf den Markt, wobei er manchen freundlich grüßte.

So waren wir denn also wieder in französischen Händen; und es wurde nun sehr bald bestimmt, wer sich bei der mobilen Armee anschließe; meine Kränklichkeit verschonte mich diesmal davon; unsere Truppen deren wohl gegen 6.000 Mann zusam- 613 men kamen, marschierten in einigen Tagen, und wohnten der am 20ten, 21ten und 22ten dieses Monats vorgefallenen mörderischen Schlacht bei Wurschen bei.

Der General Major v. Sahr hatte nun das Kommando unserer Truppen übernommen, nachdem also der General Leutnant v. Thielmann treulos seinem König und Vaterland geworden war; --- dass er nicht der Klugheit gemäß verfahren, und während seines ihm vorgeschriebenen Neutralitätssystems, die Russen und Preußen so viel und so mannigfaltig begünstigt, dass er sich in den Händen der Franzosen zu kommen, nicht wagen durfte, war er einzig selbst schuld, 614 sein stolzes, brutales Benehmen, seine Sucht zu glänzen und als groß zu erscheinen, ließ ihn in Versuchung geraten, sich zu einer Partei zu schlagen, ohne der völligen Überzeugung sich versichert zu haben, dass der König wirkliches dieses System ergreifen werde. Man erlasse mir übrigens alle näheren Urteile hierüber; ich kommen nun zu der Zeit, in welcher ich die 3te Periode erschließe.

Ende der II^{ten} Periode

03 ✳ 80

Quellen

Böhme, Carl Friedrich Ferdinand – Die Beschreibung meiner Tage seit den unruhigen und traurigen Zeiten vom Jahr 1811 bis 1818 – Zweite Periode –o.O, o.J.

Neuer Nekrolog der Deutschen Fünfter Jahrgang, 1827, Erster Teil – Ilmenau 1829

Stamm- und Rangliste der Königl. Sächs. Armee auf das Jahr 1812

Stamm- und Rangliste der Königl. Sächs. Armee auf das Jahr 1813

Titze – 1812 Die Sachsen in Russland – Norderstedt 2012

Titze – Die Linien- und leichte Infanterie 1814-1815 – Norderstedt 2015

Das Offizierskorps des Grenadier-Bataillons v. Spiegel
Stand Juni 1812

Kommandant
Heinrich Wilhelm v.Spiegel, R. Major   16.08.1811

Adjutant
Anton Ludw. Gustav Adolph v.Zedtlitz,R.
           Premierleutnant   23.09.1808

Capitäns
Carl Friedrich v.Wurmb, R. Major   26.02.1812
Carl Friedr. Anton v.Bosse, M.   27.04.1807
Ferdinand Rudolph v.d.Mosel, M.   24.06.1807
Ferd. Anton Ludwig Erasmus v.Könneritz; R. 20.10.1808

Premierleutnants
Eugen Moritz Xaver v.Häußler, M.   21.10.1807
Erdinand Rudolph v.Uichtritz, R.   03.11.1808
Friedr. Carl Franz Max Oelschlägel   10.04.1811

Sousleutnants
Heinrich Wilhelm Taucher, M Premierltn.   16.12.1811
Christian Heinrich August v.Hausen, R.   15.10.1807
Carl Friedrich Ferdinand Böhme, M.   06.04.1808
Adolph Leopold v.Zeschau, M.   10.04.1809
Carl Georg Heinrich v.Naundorff, R.   21.10.1808
Julius Innozenz v.Einsiedel, M.   30.06.1809
Carl Friedrich Compass, R.   28.9.1809
Ferdinand Siegmund v.Schlieben, R.   05.02.1810

Bataillons-Chirurg
Carl Friedrich Hedenus   01.10.1810

(R. = Rgt. von Rechten; M = Rgt. Prinz Maximilian)

In dieser Reihe sind an Memoiren, Berichten und Tagebüchern bisher erschienen:

No. 2 Die Berichte der sächsischen Truppen aus dem Feldzug 1806 (I) – Brigade Bevilaqua

No.19 1812 – Die Sachsen in Russland / Der Feldzug in den Tagesbefehlen des Generalstabes und der Intendanz

No.21 Das Tagebuch von Ernst Ferdinand Aster aus dem Jahre 1812

No.22 Das Tagebuch von Friedrich Ernst Aster aus dem Jahre 1812

No.23 1813 – Die Sachsen im eigenen Land / Der Feldzug in den Befehlen und Rapporten des Generalstabes und der Intendanz

No.26 Friedrich Vollborn – Erlebtes (III) vom 28.03.1813 bis mit 15.03.1814

No.34 Friedrich Vollborn – Erlebtes (IV) vom 16.03.1814 bis mit 02.01.1816

No.37 Die Tagebücher von Johann Carl von Dallwitz (1812 – 1815) und Adolf George von Göphardt (1813)

No.40 Friedrich Vollborn – Erlebtes (I+II) vom 16.04.1808 bis mit 27.03.1813

No.41 Friedrich Gorttlieb Probsthayn – Das Tagebuch vpm 14.05.1813 bis 29.09.1814

No.42 Die sächsischen Chevauxlegers in Russland– Zwei Tagebücher aus dem Feldzug von 1812

No.43 August Friedrich Wilhelm von Leysser– Die Erinnerungen des Kommandeurs der Garde du Corps 1812

No.45 Carl Friedrich Ferdinand Böhme – Tagebuch 2te Periode (I) vom 21.06.1812 bis mit 09.11.1812

No.46 Carl Friedrich Ferdinand Böhme – Tagebuch 2te Periode (II) vom 10.11.1812 bis mit 11.05.1813